AF273158

Halmos Erzsébet

Utazásaim története

novum pocket

© 2022 novum publishing

ISBN 978-3-903382-35-0
Borítókép:
Sdecoret | Dreamstime.com
Borító, tördelés & nyomda:
novum publishing
Illusztrációk: Halmos Erzsébet

A szerző által a kiadó
rendelkezésére bocsátott képek
a legjobb minőségben kerültek
nyomtatásra

www.novumpublishing.hu

Climate neutral
Print product
ClimatePartner.com/16547-2201-1002

ÉLETEM TÖRTÉNETE –
jobban mondva utazásaim története

A könyv megírásához Földvári András könyve adott ihletet: ő eljutott a világ összes országába (194+Vatikán az ENSZ által elismert országok száma), én 142 országban voltam. Egyesekben többször is, pl. Kenyában tizenkétszer.

Az első utazásom 1958-ban történt, Magyarországra. Szlovákiában születtem egy kis faluban, 2 km-re a határtól, majdnem minden rokonunk Magyarországon élt.

'56 után 2 évvel lehetőség nyílt ideutazni. A szüleim és a bátyám jöttünk el decemberben, kb. 1 hónapra. Mindenkit meg akartunk látogatni. Anyukának 4 testvére volt – lányok –, apu egyke volt, de az apja elhagyta őket Mamával, és visszaköltözött Magyarországra. Mezőnagymihályra keveredett, megnősült másodszor is, 8 gyereke lett. Ez út alkalmával láttam először a nagyapáimat, egyetlenegyszer, csak akkor, soha többé. Budapestre érkeztünk, itt lakott a nagyanyám, és Piri a családjával. Anyuka húga, Piri, valamint Juliska, a legkisebb lány, aki nem ment férjhez, sőt katona is lett, valami barátnővel élt. Soha senki nem mondta, de így visszagondolva, valószínűleg leszbikus volt. Öngyilkos lett kb. 40 évesen.

Piri néniék elegáns lakásban laktak az ötödik kerületben. A férje katonatiszt volt, egy fiuk volt, Béluci, nagyon szép fiú. Később Bélát, a Piri férjét, lefokozták; állítólag az '56-os, nem megfelelő viselkedése miatt kirúgták, és egy cipészeti szövetkezetnek lett a vezetője.

Átköltöztek a VIII. kerületbe, körfolyosós házba, és vitték magukkal a nagymamámat is.

Innét leutaztunk Zalaegerszegre, ahol Margit néni lakott, anyuka nővére, éppen két férjjel együtt. Az egyik férjét elvitték az orosz frontra, később halottnak nyilvánították, ő férjhez ment a testvéréhez, és pont akkor jöttünk, amikor ez az állapot volt – két férj, és egyiknek sem volt hova menni. Két lánya és egy fia volt.

(Legközelebb 1998-ban voltam náluk, akkor már az ötödik férjével élt, de utálta, saját bevallása szerint). Utána Barcsba mentünk, Erzsi néniékhez Vendel bácsival. Nekik öt gyerekük volt. Vendel bácsi a nagyapámnál volt bojtár, és mikor kikezdett Erzsi nénivel, az apja elkezdte megnyúzni a saját lányát. Valahogy kimentették a kezei közül...

Anyuka mesélte, hogy előfordult olyan is, hogy 10 000 juhuk volt. Ősszel, mikor lenyírták a juhokat, 20 000 pengőt is kapott a gyapjúért. Úgy volt, hogy vesznek kastélyt, de aztán az apa felutazott Pestre és karácsonyig elmulatta az egész pénzt. Egy feldíszített karácsonyfával jött meg december huszonnegyedikén. Sokat mulatott. Anyuka szépen énekelt. Sokszor, mikor hazajött a barátaival részegen, felébresztették anyukát már ötéves kora óta, és ő énekelt nekik. Imádta, énekesnő szeretett volna lenni, de a sors közbeszólt.

Erzsi néni a háború után férjhez ment Vendel bácsihoz, és ő volt az egyetlen, aki gondoskodott az apjáról. Náluk találkoztam vele. Úgy mutatkozott be, hogy „Róka Rudi vagyok". A 12 éves unokájának?

A nagyapám elhagyta szintén a családot, lett egy új felesége, akinek lett még három gyereke, végre egy fiú is. Az új felesége kb. 30 évesen kútba ugrott és megfulladt.

Visszamentünk Pestre, pont szilveszterre. Piriéknél nagy házibuli volt. Én kiszöktem a lakásból és kimentem a városba. A Váci utcában mentem a tömeggel – trombitáltak, nevettek, nem is tudom, hogyan találtam vissza. Onnét elmentünk Mezőnagymihályra, a másik nagyapámékhoz.

A visszafelé utazásunk sem volt problémamentes: kiderült Miskolcon, hogy a vonat Kassára csak másnap megy. Pénzünk már nem volt. Apu valahogy telefonált egy ismerősének – még a háborúból ismerte –, és ők befogadtak egy éjszakára. Emlékszem, nagy polgári lakásuk volt, én csak ámultam, mert mi Szepsiben laktunk egy kis, kétszobás lakásban. Már öten voltunk gyerekek, az öcsém kétéves volt.

Következő külföldi utazásom szintén Magyarországra történt, 16 éves koromban. Akkor már gimnáziumba jártam Zsolnán, és kollégiumban laktam. Apámat, aki fiatalon meggyőződéses kommunista volt, kirúgták az állásából és a pártból. „Rosszul értelmezte a szocializmus építésének formáját." Elköltöztünk Karvinára. Apu szénbányába ment dolgozni, én meg kisírtam magamnak, hogy szlovák gimiben akarom folytatni. Másodikos lettem, mert készültem egyetemre, és nem akartam elrontani az eredményeimet. Most visszagondolva butaság volt, de a szülők beleegyeztek. Szenvedtem a kollégiumban, magányos voltam, de jól tanultam, és kivívtam némi elismerést a sok tősgyökeres zsolnai osztálytársamtól. Nyáron megengedték a szüleim, hogy egyedül utazzam körbe a rokonainkat Magyarországon. Utána már csak egyetem után utaztam külföldre: Bulgáriába kaptam egy jutalomutat a munkáltatómtól. Egyetemen tanítottam matematikát, különben villamosmérnök lettem „szilárd anyagok fizikája" szakon, ami gyakorlatilag atomfizika volt. Szerettem volna matematikával foglalkozni a továbbiakban, de másfél év után feladtam. Elmentem tervezőirodába dolgozni, jobb fizetésért. Onnét kiküldtek az NDK-ba dolgozni a főnökömmel, aki nem tudott németül, ennek köszönhetően megtanultam két év alatt a német nyelvet, szaknyelvet, és később ennek köszönhettem az utazásaimat is.

Az egyetemi éveim alatt egy fiúval jártam, egész 1969 januárjáig. Palach felgyújtotta magát Prágában, tiltakozásul az orosz megszállás ellen. (1968-ban kijutottam Németországba, külföldi szakmai gyakorlatra. Ott ért az augusztus 21-ikei megszállás.) Mikor ennek híre ment (Pozsonyban jártam egyetemre, és kollégiumban laktam) összegyűltünk a konferenciateremben, rövid beszédek után kivonultunk a városba, fel a Várhoz, könnygázzal és vízzel riasztottak minket szét. A teremben egy barátnőm a barátjával ült (az én fiúm dolgozott éjjel a TV-toronyban), egy fiúval együtt. Hozzájuk ültem, és már felfelé a várba kézen fogva mentünk Karollal. Nagy szerelem volt, a mai napig nem tudom, miért hagyott el. Ő hegymászó volt, és általa jutottam el a hegymászáshoz. Mikor őt elvesztettem, a hegyek maradtak. 1973-ban szervezett a Hegymászó Szövetség utazást Norvégiába; jelentkeztem, és bekerültem a csoportba. Ez volt a hatodik ország, ahová eljutottam – 27 éves voltam. Norvégiában a Trollstigen volt a cél. Annak a megmászása nagy kitartást igényelt; előttünk egy csapat hét napig mászta a falat, négyen lezuhantak a bivakból, meghaltak. Mi csak a normál úton mentünk fel a barátnőmmel. Két nő volt a csapatban, és kilenc fiú. Mi úgy döntöttünk, hogy stoppal elmegyünk a Sarkkörön túlra, és ez sikerült is. Visszafelé négy német fiúval érkeztünk a táborba, amit 2 liter rumért béreltünk egy helyi paraszttól. Szerettek volna kicsit megpihenni a hazafelé út előtt, odahívtuk őket. Persze a kilenc fiú ennek nem örült, de megengedték, hogy két napig ott sátrazzanak ők is. Mi is sátraztunk, természetesen. Vonattal utaztunk az NDK-n keresztül komppal Malmőbe – Svédország –, onnét tovább Andalsnesbe. Visszafelé még Malmőből átmentünk Koppenhágába, így már 8 ország lett a gyűjteményemben. Persze akkor még nem gondoltam gyűjteményre. Az ötletet Kristin adta, akivel egy kajütben voltam az Északi-sark felé vezető, atommeghajtású jégtörő hajón. Ő már megjárt 194 országot, csak Irakban nem volt. De ez a hajóút jóval később valósult meg, 2008-ban. Visszatérésünk után sokat másztam, így ismerkedtem meg a férjemmel, aki magyar hegymászó volt. Vele jutottam ki Ausztriába, Svájcba, Franciaországba hegymászó útra. Akkor sikerült megmásznom 3 négyezrest: a Jungfraut, Mönchöt és a Monte Rosát. Ez szép bemutatkozás volt a magyar hegymászók előtt, mert később ideköltöztünk, és én elismert hegymászónak számítottam ezáltal. Én úgy gondolom, hogy túlértékeltek, de jólesett. Magyarországon a tervezőirodáknál leépítések voltak 1982-ben, amikor ideköltöztünk, így kitaláltam, hogy megpróbálkozok a külkereskedelemmel. Először a Ganz villamossági művekbe vettek fel, ismeretségen keresztül a külker osztályra, de ott nem történt semmi. Kassán már osztályvezető voltam a tervezőirodánál. Itt egész nap csak unatkoztunk és pletykáltunk az irodában, négy lány és egy fiú. Ő javasolta, hogy próbálkozzak a Transelektronál, ő előtte ott dolgozott, de nem bírta a nyomást. Beajánlott a személyzetisnek, aki szerencsémre szintén Szlovákiából jött ide férjhez, és szimpatizált velem. Közölte, hogy az erősáramú import osztályon keresnek üzletkötőt. Odahívta az osztályvezető asszonyt, Cukor Katit. Elmondtam röviden az eddigi munkatapasztalatomat, ő javasolta, hogy a szlovákiai és NDK-s munkámat vegyük külföldi gyakorlatnak, s kérte, hogy folytassam a beszélgetést németül. Felvett. Mérnök voltam, tudtam németül, de kikötötték, hogy el kell végeznem a külker főiskolát öt éven belül. Másfél év alatt elvégeztem. Így kezdtem utazgatni Európában. Németország, Olaszország, Csehszlovákia, Lengyelország, Svájc, NDK, Finnország és Ausztria tartoztak hozzám. Kb. havonta egy utazás összejött. És akit a mozdony füstje megcsapott...

Az első nyári szünetet a kislányommal Jugoszláviában töltöttük. A férjem elment a Pamírra, ahol rájuk zuhant egy lavina kb. 7000 m magasságban. A mellettük lévő sátorban meghaltak, ők Rudival, a mászótársával túlélték, de ez megpecsételte a további életünket. Közben elmentünk Svájcba, a Biancogratra, onnét Olaszországba, a Cima Grande-et másztuk meg. Következett még egy utazás Chamonixba a Mont Blancra, sajnos nekem nem sikerült feljutni. Mikor onnét hazajöttünk, meghalt a húgom 30 évesen.

A Magyar Hegymászó szövetség szervezett utat Peruba, 1986 nyárra. Besegítettem. A Transelektróból dolgozott kint Limában egy lány a kereskedelmi kirendeltségen. Dolinai Kati. De még előtte Dékán Erzsi segített ötlettel, hogyan tudunk olcsó repülőjegyet szerezni. A hivatalos, titkosított levelezéssel kivitték a tizenegy ember útlevelét Kubába, a Magyar Követségre, ők megvették a bianco repülőjegyeket olcsón, visszaküldték az útleveleket, itt megvettük Prágán keresztül a CSA-val a jegyeket Havannába. Az ottani 5 hét tartózkodásra 300 USD-t kalkuláltunk fejenként. Én éppen olyan fázisban voltam, hogy leadtam a szlovák állampolgárságot, és pont hontalan voltam. Kértem a KEOKH-ban hontalan útlevelet, és megkaptam. Mások hasonló esetben még Szlovákiába sem utaztak ki, mert elfogadták, hogy nem mehetnek. Én nem nyugodtam bele, már a munkám miatt is kellett utaznom. Így történt, hogy 1986-ban kiutaztam egy szocialista országból hontalan útlevéllel Kubába és Peruba, még vízumra sem volt szükségem. Egy nemzetközi egyezmény alapján, ha valaki hontalan, azt be kell fogadni minden országnak.

Megérkeztünk Havannába. Kb. 40 °C hőségben, 4 óráig tartott az útlevélellenőrzés és csomagkiadás. Mindenkinek bazi nehéz kézipoggyásza volt, mert csak 20 kg-ot lehetett feladni, így a „vasak" és kötelek a kézipoggyászban voltak. Valahogy eljutottunk a követségre, mondták, hogy már sikerült helyet foglalni, 4 nap múlva mehetünk Limába. Ez nem volt benne a költségvetésben, kértük őket, hogy esetleg aludhatnánk-e a garázsukban, vagy ilyesmi, de ők mondták, hogy este 17.00-ig kell várni, és ha nem foglalják le a szállodákat nyugatiak, akkor fillérekért kapunk szobát. És tényleg; gyönyörű, patinás szobrokkal díszített márvány fürdőszobás szobákat kaptunk, 4 éjszaka 350 Ft volt, mert akkor már az USD-t és a pesetát 1:1-ben számolták. Este a bárban egy mojito 1 peseta volt, ami 12 Ft, a vacsora hasonló, kb. 2 peseta. Úgy éltünk, mint a királyok. Mindenképpen el akartunk menni a Tropicanába, ami egy havannai mulatóhely volt showműsorral, tánccal. A követségen azt mondták, hogy ők sajnos csak 100 USD/fő áron tudnak szerezni jegyet, de menjünk oda és beszéljünk a vezetővel, hátha sikerül valami jegyet kapni. Busszal mentünk, és mikor akartunk jegyet venni, a buszsofőr megkérdezte, hova valósiak vagyunk. Magyarországra. Erre megállította a buszt, mindenkit leszállított és elvitt minket a Tropicana bejáratához, mondván, hogy ő ezzel az Ikarus busszal tartja el a családját már 10 éve. Megkerestük a kapitányt a bárban, bevittek hozzá az irodába. Elmondtam (az út előtt tanultam 7 órát spanyolul, így én voltam a tolmács), hogy magyar hegymászó expedícióra megyünk, szeretnénk jegyet. Adott nekünk 9 jegyet ingyen a pódium mellett lévő asztalhoz. Estélyi ruhákban voltak a hölgyek, mi bakancsban és nadrágban. Jött a pincér, mit kérünk. Szabó Laci, aki pénzes volt, kért vacsorát, mi csak egy mojitót kértünk – hiába az ingyen jegy, kevés pénzünk volt. Mikor vége lett az előadásnak, jeleztük a pincérnek, hogy fizetnénk. Benne volt a jegy árában a vacsora is, így csak Laci vacsorázott az elegáns szórakozóhelyen, mi megszívtuk, de az előadás pazar volt. A férjem kijelentette, hogy ezután fehér nőre rá sem fog nézni.

Limában várt minket Dolinai Kati a reptéren, és elvitt minket bérelt mikrobusszal Miraflorosbe, egy egyszerű, de nagyon kényelmes és tiszta szállodába. 6 USD/fő volt, ez nem sok, de a fiúknak sok volt, így visszafelé egy panzióban szálltunk meg a főtér közelében, 1 USD/fő áron. Másnap megnéztük a várost, és estére Kati megvette a buszjegyeket Huarazba, ami a hegymászás kiindulópontja a Cordillera Blancában.

Még útközben, a repülőgép érdekes módon leszállt Panamában. Nem tudtuk mire vélni, később megtudtuk, hogy elfogtak egy NDK-zászló alatt úszó hajót, ami orosz fegyvereket szállított a Fényes Ösvény nevű szervezetnek, amely pont felkelést szervezett Peruban. Nem is javasolták nekünk sem az utazást, de már túl sokat fektettünk bele a szervezésbe. Ők szervezték a börtönlázadást a Limához közeli szigeten lévő börtönben. A kormány úgy oldotta meg a felkelés legyőzését, hogy lebombázta az egész szigetet; mindenki meghalt, az őrök is. Most múzeumként működik. Végül továbbengedték a gépünket Limába. Kubai légitársaság volt, azért állítottak meg.

A csoportból mindenki feljutott a csúcsra, de mi voltunk Péterrel az elsők. Még Juhász Árpád is, aki nem volt hegymászó. Ő írt egy könyvet is az útról, de rám haragudott, így nem említett név szerint, csak mint Halmos Péter feleségét. Azt hiszem, összesen 1 hetet töltöttünk ezzel, utána lementünk a panzióba. Másnap kirándultunk a Lago de Csuruphoz, ami magasabban fekszik, mint a Mont Blanc. Egy darabon taxival mentünk, nagy amerikai limuzinnal, heten belefértünk, utána gyalog. Még egy kirándulásra elmentünk, régi ásatásokhoz, amik bizonyították, hogy Peruban már 2000 éve is volt civilizáció. Utána menetrendszerinti busszal felmentünk egy 5000 méter magasban lévő hágóra, a Pastoruri gleccserhez. A perui turisták hánytak, mi vidáman sétálgattunk, csak néztek minket. Útközben megnéztük még a puja raimondit (virág, ami 80 évig virágzik). Volt olyan, amelyik csak 28 év után virágzott először. Van fényképem vele, kb. 15 m magas.

Ezek után következett a nagy cél, a Huascarán, amely 6768 méter magas.

Az alaptábor viszonylag közel van Huarazhoz, így a hátunkon vittük egy darabig a cuccot, utána szamarakat béreltünk, és még napközben megérkeztünk az alaptáborba, ahová éppen egy olasz csoport érkezett meg, de már a csúcsmászás után, lefelé menet. Nagyon szép fiúk voltak, Piroskával – a másik nő a csapatban – megbámultuk őket. Az egyik jóképű pasas eléggé megbámult engem, és én leálltam a kicsomagolással. Péter kivette a kezemből a hátizsákot és kiderült, hogy a mézet nem zártam el rendesen. Elkezdett ordibálni, szegény olasz azt hitte, hogy féltékeny, és elnézést kért. Péter lement a folyóhoz kimosni a mézet, ő odajött hozzám, de olaszul úgysem tudtam, úgyhogy csak ennyi volt a találkozás. Férjes nők is szeretik a flörtöt, sőt!

Egy éjszakát az alaptáborban töltöttünk, másnap mentünk tovább.

Soha a hegymászás útjaim során nem voltam hegyibeteg, de itt elkapott. Nekem csak 12 kg-os hátizsákom volt, de valahogy nem bírtam. A második tábor 5200 méteren volt. Kb. 4800 méter felett kezdett sípolni a tüdőm és alig bírtam menni, nem kaptam levegőt. Péter már mondta, hogy le kell velem fordulnia, de valahogy megemberetem magamat, és felértünk a kettes táborba. Persze én nem terveztem másnap továbbmenni. Éjjel -15 °C volt, majd' megfagytunk a sátorban. Reggel elindult a csapat felfelé, de elkezdett havazni, köd volt. Tudtam, hogy nem sokáig bírják, főztem nekik teát. Ketten – Szabó Laci és

14

Csíkos Józsi – mégis feljutottak, a többiek visszajöttek. Még egy éjszakát fent töltöttünk, másnap leereszkedtünk az alaptáborba, és utána a panzióba. 7 kg-ot fogytam az öt nap alatt. Közben az egész tartózkodásunk alatt lövéseket lehetet hallani: a Fényes Ösvény harcolt. Nekünk azt mondták, hogy lakodalom, akkor szoktak lövöldözni.

Visszabuszoztunk Limába, Dolinai Kati közben megszervezte fejenként 150 USD-ból a perui körutazásunkat repülővel: Lima – Cusco – Titicaca tó. Arequipa és Lima. Cuscóból felmentünk a Machu Picchuhoz is, persze népi vonattal, ami kb. 2 USD-ba került a 70 USD helyett, amibe a turista vonatjegy került volna. Együtt utaztunk csirkékkel, tengerimalacokat kínáltak az állomásokon sülve, tepsikből, szerintem ki sem voltak belezve. Tömeg volt. Csak Aqua Calientébe mentünk fel, ott éjszakáztunk, és másnap gyalog felmentünk a Machu Picchuhoz. Akkor még minden eredeti volt. Később voltam ott, teljesen ujjá lett építve, kicsit sok lett.

Cuscóból továbbrepültünk a Titicaca tóhoz, ahol részt vettünk egy hajókiránduláson az úszó szigetekhez, ki is kötöttünk vagy kettőn. 4000 méter feletti tavon a szigeteken laknak az úszó indiánok, a kisgyerekek kicserepesedett, meztelen seggel szaladgáltak a szigeten. Vettünk egy pár szuvenírt, hogy támogassuk őket.

Arequipában megnéztük a Catalina kolostort, és elmentünk a Colca kanyonba kirándulni. Ez nem jól sikerült. Eltört a dzsipünk főtengelye, egy hegyi kocsmában töltöttük a napot. Estére küldtek értünk másik autót. Péter megivott öt sört, így az osztrákok úgy beszéltek róla, hogy ez egy nagyon gazdag magyar.

Limában már csak két éjszakánk maradt, és hazarepültünk, megint Havannán keresztül, ahol még két napot strandolással töltöttünk. Gyönyörű, lerobbant villák tömkelege sorakozott a parton, senki nem lakta őket. Ahogy az amerikaiak otthagyták, elkezdtek szétesni, és pusztultak. Mi ott napoztunk. Majdnem senki nem volt a parton; később megtudtuk, hogy ebben az időszakban sok ott a cápa.

A következő év elején kapott a Magyar Hegymászó Szövetség meghívót 4 fő részére Új-Zélandra, hegymászó-világtalálkozóra. Én mindenképpen el akartam menni, de kb. 45 000 Ft-ra volt szükség az útra, mert 300 USD volt a részvételi díj, utazás stb. Kettőnknek nem tellett volna, Péter mondta, hogy menjek én. Ő már nem lelkesedett a hegymászásért a lavina óta, és utazni sem szeretett. Én nagyon örültem, hogy mehetek. Balázs Oszkár, egy miskolci hegymászó jelentkezett, ő vitte magával a feleségét is, és még egy lány hegymászó jött volna, de végül lemondta. Oszkárék Londonon keresztül repültek, én Belgrádon keresztül szerveztem az utat, jugoszláv légitársasággal, Szingapúron keresztül. Ez volt a legolcsóbb megoldás. Méghozzá úgy terveztem, hogy az Északi-szigetre repülök, onnét komppal áthajózok a Déli-szigetre, és busszal Christchurchbe, így, gondoltam, többet látok. Belgrádban kiderült, hogy a gép nem megy tovább valami meghibásodás miatt, csak másnap. Bevittek a városba, egy szállodába. Este kimentem a városba körülnézni. Szürkeség volt mindenütt, az idő is és a város is. Másnap továbbrepültünk Szingapúrba, de az egynapos késés miatt lekéstem a csatlakozást és tranzitszállóba mentem megint. Gyönyörű volt, életemben nem láttam olyan szép szállodát: kb. 23 emeletes, az üveglift a hallból indult, elképesztő volt. Aludtam egy kicsit, és kimentem a városba. Visszafelé jövet lesz majd 4 napom, így csak a kínai negyedet néztem meg, ugyanis vettem egy winchestert, amit otthon el tudtam adni 150 000 Ft-ért, és abból építettem fel a faházamat Telekiben, Balatonszárszótól 7 km-re.

A kompon éjjel utaztam, nem láttam semmit, sőt a buszozás is értelmetlen volt, mert hajnali 4-kor indult, és kb. 11-re értem Christchurchbe. Ott is volt némi kavarodás, mire megtaláltam a többieket, de sikerült végül. Busszal vittek minket a Mont Cook nemzeti parkban lévő alaptáborba, ami 700 m-en a tengerszint felett volt, itt kezdődik a Ferenc Józsefről elnevezett glecscser. Milyen különbség; Peruban 5000 m magasságban kezdődik a gleccser, itt már 700 méteren. Később voltam Argentínában, a Perito Moreno gleccsernél, az 200 m tengerszint feletti magasságig leér. Az Antarktiszon persze tengerszintig.

Sok országból eljöttek a résztvevők, én a franciákkal barátkoztam össze. Oszkárt nem ismertem előtte, nem tudtam, milyen mászó és milyen társ. Az elsők között nekiindultunk a hegynek – 3724 m magas a Mont Cook, így 3000 m szintet kellett megmásznunk. 2200 méteren van egy bivakház, ott éjszakáztunk, és másnap éjjel kettőkor elindultunk a csúcsra. Oszkár végig elöl mászott, és talán bosszantotta is a lassúságom, de felértünk a csúcsra, és le is este tizenegyre. Nagyon fárasztó volt, így én is elértem azt a pontot, amikor elegem lett a hegymászásból. Viszont ez nagy siker volt: mi voltunk az első külföldi páros, aki feljutott. Még egy éjszaka a bivakházban, és lementünk. Pár nap múlva volt a záróünnepség, a hongkongiak hoztak egy láda whiskyt (ők a platóra is helikopterrel jöttek fel, és ott gyakorlatoztak, nem jutottak fel sehová), mi vittünk egy üveg tokaji bort. A franciak sem mentek fel, csak a bivakházig, ők segítettek nekem, mikor leértünk: a lány főzött teát, a fiú lecsatolta a hágóvasaimat. Bakancsban aludtam. Meghívtak minket Christchurcben a Magyar Klubba, ahol összebarátkoztam egy párral, velük Béla haláláig tartottuk a kapcsolatot. Segítettek áttenni a repjegyemet Christchurchből Szingapúrba, hogy ne kelljen viszszafelé is megtenni a bonyolult utat a kompozással stb. Szingapúrra maradt 150 dollárom négy napra. Mindenhová helyi buszjárattal mentem, ami max. 1 dollár volt. Azzal átmentem még Malajziába is – ugyanis építettek egy betonutat a tengerbe, feltöltötték, és busz járt oda. A szállás az IWCA-ban volt, az aljában volt egy McDonald's, mindennap ettem egy hamburgert egy kólával, ez is 1 dollár volt. A pénz kellett a szállásra és a belépőkre. Minden látnivalót megnéztem, még Sentosa szigetére is átmentem kabinnal – ez volt a legdrágább, 20 dollár. Ezeket az árakat azért írom, hogy legyen összehasonlítás. Később megszálltam a Burj Al Arabban is, ahol most egy éjszaka 1000 dollár.

A reptéren várt a férjem és gyermekem, de előbb el kellett vámolnom a winchestert. Kiszóltam nekik, hogy „hozom a faházat". Az lett az első ingatlanom Magyarországon. A lakásunk a férjemé volt, ő kapta a cégtől.

KAUKÁZUS

Még 1985-ben szervezett utat a Kaukázusba a Magyar Földrajzi Társaság, Dezsényi János elnökkel az élen. Akkor nem lehetett csak úgy odautazni, kellett valami indok. Kiderült, hogy az első megmászója az Elbrusznak európai részről egy magyar, Décsi Mór volt, és pont most lett 100 éve. Így ennek apropójából már meg lehetett szervezni az utat. Vonattal mentünk Kijevig, onnét repülővel Minyeralnije Vodyba, onnét egy teherautóval az Elbrusz lábánál lévő szállodába. Persze a cél az Elbrusz volt, de minden este előadást kellett tartani a mászásokról, Décsi Mórról stb. Misa, akit kijelöltek számunkra hegyivezetőnek, megkérdezte, hogy nálunk Décsi Mór olyan-e, mint náluk Lenin, annyit emlegettük. Voltak különféle programok, amin kötelező volt részt venni, igy eljutottunk a Kabard-Balkár szovjet szocialista köztársaságba is, ahol a helyi lakosok úgy gondolták, hogy a magyarok onnét származnak. A helyi szálloda WC-jéből a szennyvíz egészen a főtéren lévő ismeretlen katona szobra lábához kiért. Innét tudtuk, hogy itt is győzött a forradalom. Az ABC-ben volt ecet, bab, és talán még mustár is. A többi élelmiszer csak időnként volt, akkor sorba kellett állni érte.

A szállodától felvonó vitt fel 3900 méter magasságig, ez ma is működik, és jelenleg állítólag kitűnő körülmények vannak a síelésre. Onnét gyalog indultunk a Priut 11-ig, ami egy lemez turistaház volt 4200 méteren. Később leégett, és már nem építették újjá.

Nagyon jó formában voltam. Ide Péter is jött, de én előrementem, és gyakorlatilag a vezetőnkkel együtt mentünk. A végén szóltam neki, hogy engedjen előre, elsőként szeretnék felérni, erre ő annyit mondott: „igyi!" – ha bírsz, előzz meg.

Egy éjszakát ott töltöttünk, de a következő napra már terveztük a felmenetelt. Csak egy mászást engedélyeztek. Hajnalban arra ébredtünk – én nem aludtam semmit –, hogy szélvihar van és havazik. Péter bejelentette, hogy a mászás lefújva, aludjunk.

Megkönnyebbülten elaludtam, reggel kb. fél nyolckor ébredtem. Úgy döntöttek, hogy akklimatizációs céllal felmegyünk a Pasztuchov-sziklákig. Felöltöztünk és elindultunk. Nagyon gyorsan felértünk, így Péter javasolta, hogy menjünk fel a nyeregig – 5200 m. Többen visszamentek a házba, kilencen elindultunk a hágóba. Hosszú traverz vezet oda, ahol kénszivárgás van: az Elbrusz egy aktív tűzhányó – igaz, régen nem tört ki. A kén miatt rosszul lett egy fiú, aki otthon lefutotta a Kinizsi Százast – 100 km – de én mentem tovább. A nyergen már én is összerogytam, de Péter talált a hóban egy energiatablettát, azt mondta, egyem meg. Felcsatolta a hágóvasaimat és utasított, hogy induljak a csúcsra. 5620 méter magas az Elbrusz keleti csúcsa. Elindultam, és elsőként értem a csúcsra. Persze Péter engedett, vitte a zsákot stb.

Lefelé menet ők lemaradtak, mert le kellett menteni a Kinizsi Százas fiút, olyan rosszul volt, így a házba is elsőként értem, este 6-ra. A többi lány, aki visszament a Pasztuchov-szikláktól, mérges lett rám. Misa nem engedélyezett még egy felmenetelt, így csak mi kilencen másztuk meg akkor az Elbruszt a húsz emberből. Viszszafelé Kijevben közölték velünk, hogy nincs helyjegy a

vonatra, ott kell maradnunk még négy napot. Fellázad-
tunk. Sikerült felhívni a követséget (a Szovjetunióban
nem léteztek telefonkönyvek, de egy útikönyvben megta-
láltuk a számukat), ők vettek nekünk repülőjegyet haza,
de előtte még meg kellett látogatnunk a Lenin-múzeu-
mot. Kb. 5000 exemplar volt kiállítva, pedig Lenin so-
sem járt Kijevben. Szerencsésen hazaértünk.

1988 őszén kitaláltam, hogy menjünk el az Everest
alaptáborba kínai oldalról. Abban az évben nyitották
meg Tibetet a külföldi turisták előtt, így nem tűnt elér-
hetetlennek. Repülőjegyet vettünk Moszkván keresz-
tül Ulánbátorba, onnét vonattal terveztük Pekingig, és
Chengduig. Lhászába akkor még csak repülővel lehetett
eljutni Kínából, még nem létezett a vasút. A csapat én
voltam, Péter, a férjem, a másik Halmos Péter drusza,
Spiegel Karcsi, aki a repülésből ismerte Pétert, és neki
egy barátja, Tamás. Péter már akkor sűrűn repkedett a
sárkányrepülővel, amit saját maga gyártott, elnevezték
Pingvinnek.

Moszkvában az átszállás egy napot vett igénybe, így
volt időnk megnézni a Vörös teret (előtte kb. 2 héttel
szállt le oda az a nyugatnémet fiú, aki felkeltette az egész
világ figyelmét ezzel) és a GUM áruházat. Reptéri szál-
lóba szállásoltak minket el, pont ott szállt meg egy len-
gyel néptánccsoport – Mazurka –, tele szép lányokkal.
A vacsora után a 3 fiú – a két Péter és Karcsi – eltűntek
a lányokkal, mi Tamással ketten maradtunk, és megkez-
dődött a románc. Lehet, hogy nem útikönyvbe illő, de
ha őszinte akarok lenni, akkor ezt is megemlítem: sze-
relembe estünk.

Ulánbátorba repülve megkért minket egy mongol fiú,
hogy vigyünk át a vámon neki három videokazettát, mert

az nekik tilos. Sikerült; hálából elintézte a nagybátyjánál, aki kulturális miniszter volt, hogy kapjunk helyjegyet a Pekingbe tartó vonatra két nap múlva – adtunk érte egy üveg Martinit és két pulóvert. Karcsi kötöttáruval foglalkozott, ami akkor nagyon menő vállalkozás volt. Tamás vasalta az anyagot, amit megkötöttek, különben építőmérnök volt. Drusza volt kollégái Mongóliában dolgoztak geológusként. Volt egy lakásuk Ulánbátorban, és éppen vidéken voltak, így lakhattunk ott. Pekingbe hálókocsiban utaztunk, hála a miniszternek és a videokazettáknak. Ott megint sikerült szállást kapnunk a geológusoktól – szintén terepen voltak –, és már csak három nap két éjszaka vonatozás választott el minket Chengdutól. Sok élményünk volt. Rövidre fogva: a viszontagságos és időigényes utazásnak köszönhetően nem sikerült eljutni az Everest alaptáborába, mert az utolsó szakaszon egy sárlavina elzárta az utat, és a busz nem ment tovább. Sikerült egy teherautó platóján visszajutnunk Lhászába, onnét a szokásos módon vissza, egész hazáig. A következő évben, június harmadikán és negyedikén történt meg a Tienanmen téri vérengzés, a halottak száma a hírek szerint 200-tól 10 000-ig terjedt. Kína megint elzárta Tibetet a világtól jó hosszú időre, így ha nem is sikerült a célunk, legalább voltunk Tibetben.

Ezután következett 1989, a rendszerváltás éve, a cégek szétesése, a határok megnyitása, fantasztikus változások.

Ebben az évben rám bízták az Interágban a tiltott szoftverek csempészését Ausztriából. Tudtam jól németül, villamosmérnök voltam, és úgyis mindig jött velem valaki a megrendelőtől, akinek nem lehetett hivatalosan fellépni, mert ezekre a szoftverekre amerikai embargó volt elrendelve. Átvettük az anyagot és kiléptettük a határon az én nevemben, hogy ne kelljen nekik befizetni az áfát, a magyar határon pedig beléptettük, már az Interág nevére, hogy el lehessen adni. Ezek egynapos utak voltak, 420 ATS volt a napidíj, és kifizették a benzint, de ez is számított. Egy ilyen utazás alkalmával láttam egy hirdetést: négy hét USA, 560 USD.

Bementem az utazási irodába, és le is foglaltam nekem és a lányomnak. Ő akkor 12 éves volt. Még nem tudtam, hogy fogom elintézni a vízumot stb., de sikerült, és '89 augusztusában elrepültük New Yorkba. A gépen Sárikámnak nagyon fájt a füle, mert a légnyomáskiegyenlítés még nem volt tökéletes, és ő érzékeny volt a fülére. Kiskorában volt egy műtétje, egy cisztát kellett eltávolítani a füle mellől. Éjjel érkeztünk a Kennedy reptérre, átmentünk az ellenőrzésen, és vonattal mentünk be a városba. Az utazási iroda foglalt nekünk szállást a 46-ik utcában, ami jó hely volt, de a mi szobánk olyan „fapados" volt, hogy no. Két napot töltöttünk New Yorkban. Ketten elindultunk városnézésre, akkor kezdtek nálunk is a videokamerák elérhetőek lenni. A 10. utcában találtunk nagyon olcsó videokamerákat. Elképzeltem, milyen emlék lenne, ha felvehetnénk videóra, és elkezdtem gondolkozni a pénzügyi megoldáson. Felhívtam az öcsémet, aki akkor már Németországban élt, disszidált, és kértem, hogy küldjön nekünk 300 dollárt.

Ő el is küldte, de San Franciscóba, ahová a végén megérkeztünk. Az utazás három hétig tartott New Yorktól San Franciscóig, kempingekben, sátrakban laktunk.

Visszatérve a kamerához, másnap kimentem egyedül a városba, hogy megvegyem, de kiderült, hogy az alapáron kívül kell még akkumulátor, kazetta stb., így nem volt elég pénzem, és persze az út elején voltunk. Nagyon elszomorodtam, hogy nem tudom megvenni, és az eladó azt mondta, hogy van egy megoldás, menjek be vele a raktárba. Bementem, és akkor ott mondta, hogy ha megmutatom a melleimet, akkor ideadja féláron. Kirohantam az üzletből, és visszamentem a szállodába kamera nélkül. Szegény kislányom már meg volt ijedve, hol vagyok ilyen sokáig, és sírva fogadott a recepción. Másnap felvett minket a mikrobusz, tizenegy fő volt, és az idegenvezető. Fiatalok voltak, 23-26 évesek. Mi kilógtunk a sorból. Meg is mondta az idegenvezető, hogy az én koromban már szállodákban kellene laknom, és repülővel utazni. Ő nem tudta, hogy nekünk Magyarországon ez is nagy luxus volt, hogy eljöhettünk. Minden éjjel valami kempingben aludtunk, ehhez fel kellett állítani a sátrat, megfőzni a vacsorát, napközben csak szendvicseket ettünk. A vacsorafőzést mindig másnak kellett csinálni, mindig két fő volt szolgálatban, és nekik kellett mosogatni is. Gyönyörű helyekre eljutottunk: Mississippi, Yellowstone nemzeti park, Yosemite nemzeti park, Chicago. Végigmentünk a nagy amerikai prérin – három napig nem volt semmi, csak sztyeppe, Salt Lake City, végül San Francisco. Abban az évben megválasztott minket a Magyar Földrajzi Társaság az év utazójának.

Én kiléptem az Interágtól, ahol akkor dolgoztam, ami utána szétesett, és alapítottam egy olasz és egy magyar férfival – Marcellóval és Lacival – egy import-magáncéget. Az utazásaim főleg üzleti jellegűek lettek Olaszországba, Ausztriába, Németországba. Lacival kihasználtuk a hivatalos utazási lehetőségeket: elmentünk Kairóba kiállításra, Hongkongba menet Szingapúrba, onnét Makaóra, és a csúcs a Dél-afrikai Köztársaság lett, ahol megszűnt az apartheid, és az első hivatalos üzleti delegáció tagjaiként mi is kimentünk. A vacsoránál Martonyi János külkereskedelmi miniszter mellett ültem. Pont ma van 30 éve, hogy ott egy német kocsmában ünnepeltük a német egyesítést: NDK és NSZK egyesült. A kocsmárosné boldogan meghívott mindenki egy ingyen italra. Óriási buli lett! Másnap kezdődtek az üzleti tárgyalások, nagyon sokan érdeklődtek irántunk, mert elég változatos volt a profilunk, üzleteltünk mindennel, amivel lehetett.

Laci kitalálta, hogy menjünk el valahogy Sun Citybe, amely egy kaszinóváros a sivatagban mű tóval, a Kruger Nemzeti Parkkal a közelben, így szafarira is eljutottunk, és persze a kaszinókba. Első nap nagyon sok pénzt nyertünk, persze ez relatív, sok csak a mi lehetőségeinkhez képest volt, de tudtuk élvezni a luxust: vízisízést, koktélozást a tóparton stb. Busszal utaztunk vissza Johannesburgba, onnét hazarepültünk.

A magánéletem kissé zűrös lett; a férjem elhagyott, én is új kapcsolatot kezdtem, viszont elkezdtem pénzt keresni. Vettem egy lakást a Gellérthegyen, egy BMW-t, a lányom angol tannyelvű, Soros-alapítványi gimnáziumba ment, 40% részesedést szereztem egy munkásszállóban Kőbányán. A turisztikai utazások elmaradtak, a hegymászás is, csak a síelés maradt. 1993-ban olvastam egy hirdetést, hogy kenyai utazáshoz keresnek egy főt, mert valaki lemondta, és 30% kedvezményt adnak. Jelentkeztem, elmentem az irodába. Akkor még nem voltak utazási irodák, csak a mezőgazdasági dolgozóknak szervezték a hivatalos útjaikat – sok ember vidéken sikeresen privatizált egy-egy TSZ-t és hirtelen meggazdagodtak, vettek már házat, autót stb., és szerettek volna kitekinteni a világba. Így alakult meg az AB-AGRO utazási iroda, akik a kenyai utat hirdették. Nairobiból azonnal megkezdődött a szafari, Masai Mara, Nakuru-tó, Amboseli, és utána Mombasa, a tengerpart. Beleszerettem Kenyába és az állatokba. Azóta összesen tizenkétszer voltam ott, négyszer Tanzániában, még kétszer Dél-Afrikában. Voltam Zimbabwében, Zanzibáron, Botswanában, Gambiában, Etiópiában, Szenegálban, Szudánban, Ghánában, Namíbiában, Madagaszkáron, Mozambikban, s persze Egyiptomban, Tunéziában, Algériában, Marokkóban, Líbiában, Ugandában és Zambiában. Afrikában van a legtöbb ország, ahová nem lehet eljutni: háborúk, betegségek, nehéz vízumot szerezni stb.

Lehet, hogy már nem jutok el több új országba, mert megöregedtem és annyira nem is vagyok lelkes, hogy megnézzek egy újabb, nyomortól szenvedő országot. De ezekre az utakra még majd szánok egy pár sort, mert mind nagy-nagy élmény volt, és imádtam.

Az első kenyai utazásom szervezett kereteken belül zajlott, de akkor – röviden a rendszerváltás után – ez is nagy bátorságnak számított. Elmenni egy afrikai országba, ahol különféle betegségek lehetnek – malária, hepatitis, cecelégy által okozott álomkór stb. Minden ellen beoltattuk magunkat, de cecelégy ellen nincs oltás, a maláriára tablettát kell szedni stb. Utána már bátrabb lettem, nem szedtem tablettát stb. A csoport 28 főből állt, én négy főerdésszel és egy házaspárral kerültem egy dzsipbe, így rögtön lett négy udvarlóm. Az idegenvezetőnk angolul beszélt, szerencsére nem túl jól, így én lehettem a tolmács. A többiek még annyit sem tudtak angolul, legalábbis a mi autónkban. Fantasztikus látvány volt látni szabadon azt a sok állatot. Végignéztük, ahogy egy oroszlán elkapott egy kis gazellát, láttuk a gnúcsordákat, rengeteg zebrát, lodge-okban szálltunk

26

meg, ettük a finom malacsültet, borozgattunk a szafari után. A Nairobi reptér akkor még egy sima bódé volt. Miután közölték velünk, hogy kb. 3 órát késik az indulás, kimentünk a mellette lévő kocsmába és Guinness sört ittunk, én ötöt. Emlékszem, hogy sorban kellett várni az útlevélvizsgálatnál, én simán megkerültem a sort és bementem ellenőrzés és pecsét nélkül. Senki nem szólt semmit. Ma bezzeg?

Akkor még divatban volt egy ilyen közös utazás után itthon is találkozót szervezni. Mi is megtettük. Az iroda tulajdonosai, András és Zsuzsa a barátaim lettek, sokat utaztam velük, mert egzotikus helyekre szerveztek utakat.

Velük voltam Nepálban, ahol sikerült körberepülni az Everestet, megszálltunk a világ tíz legszebb szállodájának egyikében, kilátással a Sisapangmára (a legkisebb, 8000 méteres).

Mellesleg ebben a szállodában vesztettem el egy 2,5 karátos fülbevalót az egyik útitársunk ágyában, ahol végül semmi sem történt, az ő hibájából. Másnap vettem észre a buszon, a Chitwan Nemzeti Park felé utazva, de nem mertem visszafordítani a buszt, mert így is tizenkét órába tellett, amíg odaértünk, olyan rosszak voltak az utak. A másik fülbevalóból csináltattam aztán otthon gyűrűt. A pasival aztán üzleti kapcsolatunk lett otthon, áthozta hozzánk a fűnyírók behozatalát, amin mind a ketten kerestünk egy keveset.

Megnéztük Pokharát, eljutottunk a Chitwan Nemzeti Parkba – ez, mondjuk, csalódás volt –, onnét továbbmentünk Indiába-Dardzsilingba. A határátkelő egy viszonylag magas hágón volt. Megérkeztünk a határra és várni kellett a parancsnokra, mert elment vacsorázni. Mivel 3000 m felett voltunk, az egyik utasunk rosszul lett és elájult. Mikor ezt a határőrök látták, megijedtek, hogy valami betegség, és karanténnal fenyegettek. Én találtam ki hirtelen, hogy azt mondtam: részeg. Ezen elnevették magukat, és nem lett karantén. Megjött a parancsnok és mindenkit egyenként kikérdezett, utána benyomta a pecsétet az útlevélbe. Rengeteg szerpentinen keresztül megérkeztünk Dardzsilingbe reggel 4-kor. Dardzsiling 2134 m tengerszint feletti magasságban van, egy katlanban. Másnap reggel felvittek minket dzsipekkel egy kilátóhoz, ahonnét láttuk a napfelkeltét a Kanchenjunga (8000-es csúcs) felett, napközben meghajoltunk Kőrösi Csoma Sándor sírjánál, és megnéztük Tenzing Norgay és sir Hillary emlékművét, ahol az a felirat áll, hogy Tenzing Norgay első emberként megmászta a Mount Everestet 1953. május 29-ikén, vele volt Edmund Hillary is.

Dardzsiling a világ legszebb faluja, és egy hegymászó számára eljutni oda fantasztikus érzés.

Onnét továbbrepültünk Katmanduba – az viszont a legszörnyűbb nyomor helyszíne, amit csak láttam életemben. Óriási szeméthalmok a városban, ahol csont és bőr kutyák keresgélnek élelmiszert, varjak hada röpköd felettük, a járdán sovány asszonyok ülnek a földön, karjukon az újszülött csecsemőjük, akinek folyik a fenekéből a zöld kaka. A folyóban térdig állva, a vízből bögrével merítik és isszák a vizet az emberek. Megtekinttetünk egy temetést, ahol elégették máglyán a halottat. A városi parkban rengeteg a meleg pár ült kézen fogva a padokon, akkor ez a látvány elég furcsa volt számunkra. Ez volt az utolsó állomása utunknak. Legközelebb Ausztráliába utaztam velük.

Az ausztráliai utazás vidáman kezdődött. A reptéren a VIP váróban gyülekeztünk, az egyik útitársunk olyan részeg volt, hogy a biztonsági kapun úgy kellett áttolni. Négy egyedülálló férfi is volt a csoportban, frissen meggazdagodott vállalkozók voltak, akik állítólag utána börtönbe is kerültek (legalábbis ketten közülük). Mindenestre nekem ez jól jött, nem unatkoztam. Bangkokon keresztül repültünk, kb. este nyolcra érkeztünk meg. Én lefeküdtem aludni, de a tájékozottabbak elmentek éjszakai showra, ahol a lányok a puncijukkal felfújják a lufit, és hasonló csuda dolgokat művelnek. Sajnos ebből kimaradtam. Utána, pár évvel később, Pofival mi is elmentünk ilyen előadásra, azért tudom, hogy mi történik ezeken. Sydney volt a fő kiindulópont. Gyönyörű város, az Operaházba sikerült az egyik pasival elmenni egy előadásra is. Megnéztük a Kék hegységet, és elvittek minket kb. négy borászatba borkóstolóra. Az utolsóban ebéd is volt, és annyi bor, amennyi belénk fért. Visszafelé, mivelhogy május elseje volt, az egyik utasunk elkezdte énekelni a Bunkócska, te drága című mozgalmi dalt. Ez felbőszítette a demokráciatisztelő útitársat, és elkezdett verekedni. Szerencsétlen ausztrál sofőr csak nézte, hogy verekszik a fél busz. Mi meg filmeztük, akkor már volt videokamerám. A négy udvarlómmal elmentünk egy éjszakai mulatóba is, olyan volt, mint a filmekben. A Közép-ausztráliai tehenésztől kezdve a sydneyi milliomosokig mindenki jelen volt. Ez is egy nagy élmény volt. Brisbane-ből hazarepültünk.

Ebben az időszakban kezdtem felfedezni, hogy a német utazási irodák jobb áron és érdekesebb helyekre szerveztek utakat, és elkezdtem velük utazgatni. Namíbia, Dél-Afrika, Zimbabwe, India, Kína stb., de a legérdekesebbek azok az utazások voltak, amiket egyedül szerveztem és egyedül is csináltam végig – persze Venezuelán kívül. Olvastam egy hirdetést, hogy ajánlottak egy utat Malajziába. Az árban benne volt a repjegy oda, vissza pedig két hét múlva, és négy éjszaka szállás Kuala Lumpurban. A többi időt mindenki magának töltötte ki, ahogy gondolta. Azt hiszem, én voltam az egyetlen, aki jelentkezett – ez előfordult máskor is, pl. Tanzániában egyedül voltam a csoportban. Elkezdtem összeállítani a programot. Akkor már time sharing tag voltam, és sikerült szereznem egy hetet a Malajzia keleti partján lévő tengerparti szállodában. Kuala Lumpurban megnéztem a Twin Towert, elutaztam a középrégió rizsföldjeit megnézni, és lementem Melakába is. Az egyik este lementem a bárba, ahol két szudáni menekült közül az egyik felkért táncolni. Arab ember volt, nem fekete, meg is kérdeztem: hogyhogy szudáni? Imádtam táncolni, ez a pasi fantasztikusan táncolt. Végigmulattuk az éjszakát, másnap a személyzet mosolygott, mikor találkoztunk. Kuala Lumpurból átrepültem Kuantanba, ott volt a to share szálloda. Ott sem napozással töltöttem az időt: elmentem vízitúrára a dzsungelbe; egy buddhista templomhoz, amihez 500 lépcső vezetett; városnézésre, és a tengert is kiélveztem. A következő állomás Kota Kinabalu, Borneó maláj részének a fővárosa volt. Ide is előre megvettem a repjegyet, sőt felvettem a kapcsolatot egy ottani irodával, mert el akartam menni Sarawakba, az orangután rehabilitációs központba. Brunei is programban volt, és Isla Flores, ahonnét szerettem volna elmenni Komodóra. Megérkeztem a reptérre, és nem várt senki. Rémültem telefonáltam, mert már átutaltam nekik 400 dollárt, és nemsokára meg is jött egy lány. Ő lett az idegenvezetőm. Először is elmentünk a Kota Kinabalu hegyhez, ami ugyanazt a nevet viseli, mint Borneó

fővárosa, és ez Malajzia legmagasabb csúcsa – 4095 m –
is. Felmentünk felvonóval kb. 3000 méterig, innét más-
szák meg naponta sokan a csúcsot. Mi nem mentünk fel.
Nem is terveztük; kellett volna egy plusz nap, és felsze-
relésem sem volt, de meg lehetett volna oldani. Mikor le-
értünk, egy gyerek odajött a vezető lányhoz, és mondott
neki valamit. Itt nő a világ egyik legérdekesebb virága,
a rafflézia. A nevét lord Rafflestől, Szingapúr megalapí-
tójától kapta, aki először fedezte fel az európaiak közül.
Ez egy olyan virág, melynek nincs szára, csak a gyökér-
ből nyílik. Óriás bűzvirágnak is hívják. 8 hónapig tart,
amíg kifejlődik, kb. 1 m átmérőjű virág lesz belőle, utá-
na elkorhad és elrothad. A kisfiú azért szaladt hozzánk,
hogy meg tud mutatni egy virágot, amit különben elég
nehéz megtalálni. 5 dollárt kért, és elvezetett hozzá. Ez
kb. csak 30 cm széles virág volt, de akkor is csodálat-
tal néztem ezt a ritkaságot. Különben is, Lord Raffles a
kedvenceim közé tartozott. Szingapúrban a legdrágább
szállodát róla nevezték el, ahol William Somerset Maug-
ham több évet eltöltött, és ott írta a lenyűgöző elbeszé-
léseit Ázsiáról.

Következő célpont Sarawak volt, az orangutánok köz-
pontja. Erre két nap kellett, ott szálltunk meg valahol a
közelben. A központban sok kis orangután élt, akik el-
vesztették az anyjukat, és különben a dzsungelben meg-
haltak volna. Az orangután olyan, mint az ember: kb.
hároméves korig az anyja gondoskodására szorul, kü-
lönben elpusztul. A Központban cumisüvegből etetik
őket, sőt pelenkázzák is, mert kiságyakban fekszenek,
és amikor már elég nagyok, elkezdik őket visszaszoktat-
ni az erdőbe. Etetésre mindig visszajönnek, és ilyenkor
lehet őket megfigyelni.

A park végében, ami kb. 500 méterre van a központtól, van egy itató, ahová jár inni a három fehér orrszarvú, ami még él Borneón. Volt szerencsém egyet megfigyelni. Itt csípett meg egy kullancs, amiből később komoly bajom lett.

Mikor visszatértünk az irodába a kétnapos utunk után, megkérdezte a főnök, hogy minek megyek én Isla Floresre? Mondtam, hogy onnét akarok elhajózni a komodói sárkány szigetére. Elkezdett nevetni; én összekevertem a két szigetet, kb. 2000 km-re voltak egymástól. Ez, ahová én készültem, nem volt érdekes semmi miatt, de ő felajánlotta, hogy Brunei után megszervezi a repjegyet Balira, onnét Isla Floresre, és onnét hajót is Komodó szigetére.

Brunei a világ talán leggazdagabb országa, a szultánnak 7000 autóból álló gyűjteménye van, a palotájában 170 szoba, és évente háromszor bárki bemehet megtekinteni. Engem várt a reptéren egy úriember, aki oda nősült és most idegenvezetőként dolgozott, s elvitt a világ egyetlen hatcsillagos szállodájába ebédre. Körbevitt a fővárosban, és este kivitt a reptérre. A palota sajnos nem volt megtekinthető.

Balira érkezve megint azzal kellett szembesülnöm, hogy nem vár senki, de a végén előkerült egy kis emberke, aki velem foglakozott a következő négy napban. Egy éjszakát ott aludtam, elmentem a Mata Hari bevásárlóközpontba, ahol meg lehetett venni a világmárkák legjobb hamisítványait, fillérekért. Másnap a csomagokat otthagytam az irodában, csak kis táskával repültünk Isla Floresre. Megérkeztünk, és a reptéren várt minket a dzsip, hogy kivigyen a kikötőbe. Ahhoz át kellett menni az egész szigeten. Megkérdezték, hogy szoktam-e tengeribeteg lenni, mert hullámzik a tenger. Legjobb lesz, ha veszünk a patikában valamit, ha nincs nálam Deadalon, sőt legjobb, ha beveszem, így mire kiérünk, elkezd hatni.

Be is vettem egy tablettát. Kb. 1 óra múlva a kikötőben voltunk, de már elégé álmos voltam és csak lementem a kajütbe, ahol három emeletes ágy volt, lefeküdtem és elaludtam. Mikor felébredtem, már a nyílt tengeren voltunk. Egy lélekvesztő kis bárka volt a hajó, de nem izgultam. Megkérdeztem, hányan vagyunk a hajón. Öten, volt a válasz. Az én kis emberem; a szakács, a kapitány és a segédje, és én. Ekkor rémültem meg igazán, hogy egyedül vagyok négy vademberrel az Indiai-óceán szélén. Útközben kiszálltunk a Pink öbölben, ami egy gyönyörű strand, és tényleg teljesen rózsaszín, és végül Komodó. Fantasztikus volt, sikerült ez is. Utána még kétszer voltam a szigeten, de ez volt a legérdekesebb utazásom oda.

MÉG KÉT HEGYMÁSZÓ-SZTORI

Kimaradt a beszámolómból két történet, ami ugyan nem növeli az országok számát, de érdekes a többi veszélyes történet között.

1984-ben ki akartunk menni még egyszer a Mont Blancra, mert ugye nekem az első próbálkozás nem sikerült. Volt egy barátnőnk, Irén, nagyon jó hegymászó volt, a Kommunizmus-csúcsról 7000 méter fölött fordult vissza, mert le kellett segíteni egy bajba jutott hegymászót. Pomázon bérelt egy szobát egy borzasztó szakadt házban, a szoba is rémes volt. Mi Békásmegyeren laktunk, az neki útba esett hazafelé menet, elég gyakran megállt nálunk, és ott is aludt. Sári is imádta. A Pamírban megismerkedett egy svájci hegymászóval, aki beleszeretett és gyakran jött Budapestre meglátogatni, ő is aludt nálunk egy párszor.

Végül feleségül vette. Ircsi kiköltözött Svájcba. Mi nyáron készültünk Chamonixba, de volt egy 7,5 éves lányunk, és nem volt hová tenni. Megbeszéltük Ircsivel, hogy Chamonixba menet megállunk náluk, Sárit otthagyjuk nála vagy tíz napra. Így is történt. Elindultunk Budapestről, Péter, drusza, a másik Halmos, Sárika és én a mi Ladánkkal. Útközben Ausztriában olyan esőzések lettek, hogy az autónkba befolyt a víz – kilyukadt a padlója. Eszsusszal merítettük ki a vizet menet közben. Végül elállt az eső, megérkeztünk Ircsiékhez. A férje nem volt otthon, ezért megkérdeztük, hogy meg melegíthetünk-e egy-két konzervet, hogy ebédeljünk.

Közben hazaért a férj, és elkezdett ordítani, hogy „már megint itt vannak a magyarok, kieszünk a kajánkból" stb. Irén mondta neki, hogy a saját konzervjeinket melegítjük, de nem enyhült meg. Így nem tudtuk otthagyni Sárit 10 napra, jött velünk. Chamonixban vettünk neki egy pár bakancsot, ráment a pénzünk fele, és egy glecscserszemüveget, ahhoz ragaszkodott.

Felmentünk a Tete Rousse-ra, drusza és Sári ott maradtak, mi Péterrel felmentünk a gouttiere házba, másnap akartük megmászni a Mont Blanc-t. Reggel, illetve hajnalban, felkeltem a fapadról, amin töltöttem az éjszakát – ágy nem jutott –, és összeszedelődzködtünk. Amint kiléptünk a házból, olyan szélvihar fogadott, hogy leestem a földre. Pár métert még erőltettem, de aztán viszszafordultam, és a házban befeküdtem egy üres ágyba. Péter felment másodszor is, reggel 8-ra már le is ért. Én azóta sem másztam meg a Mont Blanc-t.

Visszamentünk a kempingbe, a Mer de Glace kempingbe, és megbeszéltük a többiekkel, hogy felmegyünk az Argentiere házba, Péterék megpróbálnak valamit mászni. Ketten már voltak fent (állítólag), és azt mondták, hogy a gleccser sima, nincsenek repedések, nyugodtan mehetünk a gyerekkel. Csak egy kötelünk volt, és ahogy kiszálltunk a felvonóból, Péterék elmentek mászni, mi meg Sárival mentünk a turistaház felé. Útközben elég sűrűn voltak repedések, de sikerült őket megkerülni vagy átugrani. Az egyik ilyen átugrásnál láttam, hogy a lányom lába alatt beszakad egy darab jég; meglöktem, és ő átrepült a túloldalra, a repedés viszont olyan széles lett, hogy én már nem mertem átugrani. Ezek a repedések vannak akár 30 méter mélyek is. Szegény kislányom sírt a másik oldalon, én gondolkoztam, mit tegyek.

Szerencsénkre jött egy csapat, akiknél volt kötél, és velük sikerült nekem is átugranom a repedést és felértünk a turistaházba. Mondtam Sárinak, hogy azt kap, amit csak akar. Palacsintát kért, emlékszem, 18 frank volt két kis palacsinta, ami 180 Ft volt, nagy kihágásnak számított a szűkös pénztárcánknak, de akkor megérte. Visszafelé jövet megháltunk egy szénarakodóban is, de amikor Bécshez közel Mödlingbe értünk, volt egy foglalásunk a Tropicana centrumba, amit egy üzleti partnerem foglalt nekünk három főre két éjszakára. Egy fantasztikus, ötcsillagos szálloda, több úszómedencével, wellnessközpont, étterem, mű pálmafák stb. A recepción bejelentkeztem és kértem a kulcsot. A recepciós mögém mutatott. Ott állt egy libériás pasi a kulcsunkkal a kezében, hogy kijön a csomagokkért. Elképzeltem, milyen képet vágna, ha meglátná a koszos eszsuszt a kalaptartón, a rothadó padlót, a szétszórt hegymászócuccot, no és druszát – ő nem volt a listán. Kikaptam a kezéből a kulcsot és kimentem egyedül. Mi beköltöztünk, drusza az ablakon mászott be, de a wellnessbe már ő is bejött, senki sem szólt semmit. A reggeliből hoztunk neki is, este mi elmentünk vacsorázni az ismerősömmel, ő élvezte a luxust. Hazamentünk Budapestre.

UGANDA

Ez volt a második közös utazásunk a lányommal, és egyben a legkedvesebb. Mint tudjuk, Uganda a hegyi gorillák élőhelye, és aki ide látogat, főleg azokat szeretné meglátni. Viszont van itt még két nagy nemzeti park, ami szintén nagyon érdekes. Mi Entebbébe repültünk Kairón keresztül, ahol volt két nap és egy éjszaka tranzitidőnk. Az EgyptAir akkor annyira nagyvonalú volt, hogy kaptunk szállást és étkezést ingyen a Mövenpick Hotelben a reptér mellet, és napközben ki is mehettünk a városba vízum nélkül. Gyorsan megnéztük a piramisokat, a mecsetet, és a bazárt. Másnap este továbbrepültünk, és hajnalban érkeztünk Entebbébe. A sofőr bevitt minket a holland utazásszervező vendégházába. Ez az ember ott ragadt, talált magának egy helyi feleséget, és most szervezte az utazásokat – főleg hollandoknak és Belgáknak. Hamar kiderült, hogy az ész a feleség, ő csak a „megjelenését" adja az üzlethez. Magas, szőke férfi volt. Reggel, kb. 8-kor elindultunk észak felé, a Murchison Nemzeti Parkba. Itt található a Murchison-falls, vízesés a fehér Níluson, amit a felfedezője lord Murchisonról nevezett el. Mellesleg a felesége magyar volt, és végigcsinálta vele az afrikai utazásait. El tudom képzelni, milyen borzasztó kényelmetlen lehetett annak idején utazni Afrikában. Sátrakban aludni; az ivóvíz hiánya, étkezési nehézségek, higiénia stb. Átküzdötték magukat a dzsungelen. A Kibale Nemzeti Parkban cecelegyek vannak, ennek köszönhető, hogy ez a terület megmaradt az állatoknak, mert a legyek álomkórt

terjesztenek, és az halálos. Mi egy aránylag megfelelő lodge-
ban laktunk, végighajóztunk a szálláshelytől a vízesésig,
ahol kiszálltunk és gyalog mentünk. A Nílus partján he-
vertek a krokodilusok, ahogy az egykori dalban volt, sé-
táltak impalák, gazellák, varacskos disznók, még orosz-
lánt is láttunk. A következő állomás a Queen Elizabeth
Nemzeti Park volt igazán luxus lodge-dzsal, ahol a kert-
ben mászkáltak különféle állatok, még elefánt is odajött
a kapuhoz, és majdnem nekünk jött a dzsipben. A sofő-
rünk hirtelen elkezdett rükvercben haladni; ő is megré-
mült. A Queen Elizabeth Nemzeti Park két tó mellett van,
ezek az Edward és George tavak.

A programban megint a sima szafari mellett benne
volt hajókázás a tavakon. Elképesztő mennyiségű madár
volt a partmenti bokrokon vagy a földön; rengeteg kroko-
dilus, és közvetlen mellettük a lakosok, kisgyerekek ott
játszadoztak pár méterre a krokodilusoktól. Itt nagyon
kellemesen telt el pár napunk, innét a Kibale Nemzeti
Narkba mentünk, csimpánzok megfigyelésére. A szál-
lás egy luxus sátortábor volt, aránylag kis sátrakkal. A
zuhanyozó úgy működött, hogy egy fekete ember a fal
mögül öntötte a vizet valami tartályba, és abból folyt ki
ránk a víz. Csúcs volt a vacsora. A központi sátorban volt.
A pincér fehér kesztyűben szolgálta fel az ételt, melegí-
tett tányéron. Ez volt a két hét alatt a legdrágább szál-
lásunk. Nekem pont a szülinapom volt. Reggel Sári el-
ment a megfigyelésre, nekem nagyon fájt a fejem, mert
este megittunk egy üveg bort. Megbeszélte, hogy más-
napra lehetőséget kapjak még egy megfigyelésre, ő még
egyszer befizette magát, hogy velem legyen.

Elérkezett a csúcspontja az utazásunknak. A Bwin-
di Nemzeti Parkhoz elég sokat autóztunk, a restroom

szálláson kaptunk helyet. Ez egy legendás szállás volt. Mikor építették, a hatóságok előírták, hogy mellette kötelező egy 6 m mély WC-nek lenni. 6 méter mélyre lehetetlen volt ásni, ezért a WC-t kiemelték, és kb. 2 méterrel magasabban helyezték el, erről kapta a nevét. Reggel felmentünk a rangerek irodájához, ami egy nagyobb bódé volt, itt megkaptuk a hordárunkat 10 USD-ért, aki vitte a holminkat és a vizet. Általában 2 l vizet ajánlanak egy napra. Kb. 1 órás menetelés után az előreküldött rangerek szóltak rádión, hogy hol vannak a gorillák. Lecsörtettünk a bushon keresztül kb. 500 métert, és ott voltak. Egy egész család. A nagy szürkehátú, a feleség, a gyerekek. Gyönyörű látvány. Kb. 30 percig lehetett őket megfigyelni. Velünk volt egy belga házaspár, a nőnek profi fényképezőgép-felszerelése volt egy külön bőröndben, legalább 6 kg, ő volt az, aki nem kért hordárt, sajnálta a 10 dollárt. Mikor elindultunk felfelé, kijelentette, hogy nem bír menni, hozzanak hordágyat és vigyék fel. Oké, 100 dollár, mondták, ezt persze nem volt hajlandó kifizetni. Nem tudjuk, mi lett a vége, mert otthagytuk őket és felcaplattunk az irodához. Engem külön megdicsértek a rangerek, hogy milyen erős vagyok. Sári délután még átment Ruandába még egy gorilla trekre. Jimmy, a barátja másnap telefonált, és mikor mondtam neki, hogy Sári elment egyedül a sofőrünkkel Ruandába, majd' elájult. Én már nem akartam még egy hegyi menetet, és fölösleges lett volna a rém rossz utakon átmenni, inkább maradtam a restroomban – angolul WC-t jelent. Még átmentünk az Egyenlítőn és vissza Entebbébe, ahol még pénzt is visszakaptunk, mert a kis okos feleség kiszámolta, hogy túlfizettük.

HAJÓUTAK

Sok hajóúton részt vettem, de a három legérdekesebbet megpróbálom leírni.

Az első utamra Pofival mentünk. Pofi a férjem egyetemi barátja, aki nem messze lakik tőlem, és még sosem volt nős. Tipikus agglegény, a ruhái kb. az 1960-as éveket idézik. Először is közöltem vele, hogy normális öltözékre számítok. Kérte, hogy menjek el átnézni a ruhatárát, vállaszam ki, mi a megfelelő. Semmi! – közöltem vele. Erre adott kb. 100 000 Ft-ot, vásároljak be neki, amit gondolok. Így is tettem. Tökéletes, kissé pocakos úriember lett belőle. A cél Alaszka volt. Elrepültünk Vancouverbe, ott négy napot eltöltöttünk, még az unokaöcsém is átjött San Franciscóból, és elvitt minket bérelt kocsival Seattle-be, ami USA, de valahogy átjutottunk. A hajóút fantasztikus volt – igaz, hogy rossz időben, de akkor is. Nekem a fő célom a Mount McKinley körberepülése volt. Anchorage-ban kiszálltunk a hajóból, és mivelhogy nem mindig tökéletesen terveztem, elkövettem azt a hibát, hogy nem foglaltam semmit a továbbjutáshoz. Mindenki kiszállt a hajóról, beszálltak buszokba, taxikba, mi ottmaradtunk ketten a gleccser szélén, Anchorage-től kb. 30 km-re a csomagjainkkal. Nem volt mit tenni, visszamentem a hajóba és segítséget kértem. Ők hívtak nekünk taxit. A városból délután mentünk busszal a Denali Nemzeti Parkba, ez már meg volt szervezve. Esett az eső. Megérkeztünk a szállásra, ott megtudtuk, hogy négy napja esik, viszont itt négynaponta változik az időjárás, és másnapra jó időt jósoltak. Így is történt: másnap elvittek minket egy reptérre, egy nyolcszemélyes kisrepülőgépbe beszálltunk, aztán jött egy kb. 20 éves lány, beült a pilótafülkébe és elindultunk. A Mount McKinley-t nem lehet megközelíteni csak repülővel, óriási mocsár veszi körül. Fantasztikus élmény volt körberepülni ezt a csúcsot is, ez Észak-Amerika legmagasabb csúcsa, 6190 m. Leszálltunk a gleccseren is, és sétáltunk vagy félórát. Ezzel megvolt a fő program, még három szép napot töltöttünk a parkban, és visszautaztunk Anchorage-be. Itt még bejelentkeztünk medvemegfigyelésre, de azt sajnos lemondták; rossz idő lett, és azt is repülővel csinálták.

A második nagyon érdekes hajóutam az Antarktiszra vezetett. Ide Lacival mentünk. A hajón találkoztunk négy magyarral. 82 éves, öreg bácsi ment Argentínába meglátogatni a nővérét, aki haldoklott, vele ment a fia, annak a felesége, és még egy barátjuk, akit azért vittek, hogy olcsóbb legyen a bácsinak a kabin.

Elrepültünk Buenos Airesbe, ahol kicsit körülnéztünk, tangó, vacsora, elnöki palota, futballstadion stb. A hajónak a következő megállója a Falkland-szigetek volt. Ez az a sziget, amelyért Margaret Thatcher bevetette a fél angol hadsereget, nehogy visszakerüljön Argentínához, mert „ami miénk, az a miénk". Ez a harmadik legdrágább sziget a világban Grönland és Szent Heléna után. Egy sör 8 angol font volt. Van itt egy pár pingvinkolónia, az egyiket sikerült meglátogatnunk. Elég nehéz engedélyt kapni, csak korlátozott számban mehetnek emberek egyszerre. Hajóztunk tovább, egészen a Peninsulához – ez a déli félsziget, ahol bementünk a Gerlach szoroson egészen koppanásig, vagyis a gleccserig. (Gerlach nevét nem Szlovákia legmagasabb csúcsáról kapta, hanem egy svájci földrajzkutatóról nevezték el.)

Ketten a férjjel három nap három éjszaka gyakorlatilag a fedélzeten voltunk. Ő fotózott, én filmeztem, nem tudtunk betelni a táj szépségével. Laci és a feleség a fenti üvegbárban cigizve nézték ugyanezt. Itt nagyon hideg volt, éjjel –20 fok is, és persze világos. Volt pehelykabátom, még megvolt a hegymászó érámból, és elvittem. A négy magyar utas kioktatott az étkezésekről. Ez Star Princess hajó volt, ötcsillagos hajó, és naponta lehetett enni homárt és steaket. Két kapitány-est is volt, fantasztikus fogadások, az amerikaiak estélyi ruhákban. Én csak sportos cuccot vittem, de vettem a hajón egy valami selyem kabátkát, amivel elég nyomorúságosan oldottam meg az öltözködést. A következő hajóutakon már jobban készültem. Visszafelé megkerültül a Horn-fokot és végig hajóztunk a Beagle-csatornát, Magellán-szorost, kiszálltunk Ushuaiában, a világ legdélebben fekvő városában, Montevideóban, és végül megint Buenos Airesbe értünk. Isteni a hangulata ennek a városnak. A bevásárlóutcában bárhol letesznek egy magnót és elkezdenek tangózni az utcán, az éttermekben a vacsorához ingyen van a vörösbor bármilyen mennyiségben.

A harmadik hajóutam az Északi-sarkra vezetett. Ez már 2008-ban volt, de ide soroltam, mint csúcsutat.

Helsinkibe kellett repülnöm, ott fogadtak a szállodában a szervezők. Ezek úgy alakultak, hogy kb. 20 évvel előtte eljutottak az Északi-sarkra sílécen egy orosz–amerikai vegyes expedíció keretén belül. Később, a rendszerváltás után, kitalálták, hogy az orosz jégtörő hajókat ki lehet nyáron bérelni, mert akkor csak állnak a kikötőben.

Télen ezek biztosítják a szibériai falvak ellátását a befagyott Északi-tengeren.

Innét Murmanszkba repültünk egy chartergéppel, kb. 140 emberrel a fedélzeten. Rövid városnézés – egy db templom és egy lakótelep –, és behajóztunk az 50 Let Pobedy nevű, atommeghajtású jégtörő hajóra. Az utazás 20 000 euróba került, ha megosztod a kabint valakivel, különben 35 000. Én egy francia hölggyel, Christine-nel kerültem egy kabinba, ami a luxus hajókabinok után nagyon fapados volt, de az étkezés fantasztikus volt. Christine 74 éves volt, és Irakon kívül volt már a világ összes országában. Sajnos Irakba a mai napig nem sikerült neki, most 86 éves, és Párizsban él. Kiszálltunk a Ferenc József-földön, volt saját helikopterünk, azzal. Mint tudjuk, ezeket a szigeteket a magyar–osztrák expedíció fedezte fel 1873. augusztus 30-ikán. Ez volt az egyetlen expedíció az Északi-sarkra, ahol nem halt meg senki, és akkor fedezték fel a 191 kis szigetet, amikor a világon már minden sziget fel volt fedezve és úgy gondolták, hogy nincs is több. A Tegetthoff hajóval két telet befagyva töltöttek a szigeteken, és a végén úgy menekültek meg, hogy a csónakokat szánként használták – szerencsére a kutyákat nem ették meg, mint az előző expedíciók –, és mikor elérték a kiolvadt tengert, csónakokba szálltak, és Novaja Zemlján sikerült kikötniük és megmenekülniük. Gyakorlatilag ez a mi gyarmatunk lehetett volna, de Ferenc József eladta őket az orosz cárnak.

Útközben láttunk fókákat, rozmárokat, de csak két jegesmedvét. 2008. július 10-ikén, éjjel kettőkor értük el az Északi-sarkot, a fedélzeten pezsgőkkel köszöntöttük a cél elérését. Másnap partit szerveztek a jégen, ehhez át kellett menni az amerikai részre, mert a sarkon olvadt volt a jég. Különben nem volt hideg, napközben kb. -1–2 fok volt. Felépítették a sátrakat, sült a kolbász, forralt bor stb. Helikopterrel körberepültük a földet, persze csak kis rádiusszal. Ez volt a mai napig a csúcsutam, pedig nem is számít új országnak a statisztikámban, persze Antarktisz sem. Terveztem, hogy még eljutok a Déli-sarkra, de nem valószínű már!

GAMBIA ÉS GHÁNA

Gambiában elég régen voltam. Akkor kezdték a német irodák népszerűsíteni Gambia idegenforgalmát, így az utazás rendkívül olcsó volt. Már nem emlékszem, hogyan sikerült vízumot intézni, de az ár nagyon olcsó volt, kb. 350 DEM két hétre háromcsillagos tengerparti szállodában, repülővel Frankfurtból. Jelentkeztem, és el is mentem. Gambia egy kis, fura ország. 25–50 km széles, 250 km hosszú, beékelődve Szenegálba, és még a Gambia folyó is kettészeli. Természetesen nem akartam a strandon heverni két hétig, úgyhogy rögtön, ahogy megérkeztem, körülnéztem a lehetőségek között. Először is elmentem egy buszos országnézésre. Végig a folyó mentén haladtunk, a folyó jobb partján. A végcél a szafaripark volt, amit az akkori köztársasági elnök alapított, miután hallotta, hogy pl. Kenyába mennyi turista érkezik az állatok miatt. Megérkeztünk a Nemzeti Parkba. Először is van ott egy palota, amit az elnök saját magának nyári lakhelynek építtetett. Kb. olyan nagy, mint a Festetics-kastély Keszthelyen, de az egész lakatlan, porosodik, alig vannak benne bútorok. No, most a kastély előtt van a szafaripark. Egy nagy beton medencében úszik egy szegény krokodilus, egy vasketrecben van egy oroszlán, és egy fához hozzáláncolva egy kis majom. Ennyi.

Ha nem láttam volna, el sem hinném. Így néz ki, ha valaki hatalmat kap, de észt nem kap hozzá. Visszatértem a kis, bungalós szállásra. Nem volt valami magas színvonalú, de azért a pénzért? Átmentem napközben a mellettünk lévő négycsillagos szálloda parkjába napozni, az szebb volt, mint a miénk. Megismerkedtem egy amerikai katonával, aki az ENSZ megbízásából, mint békefenntartó állomásozott Sierra Leonéban, és most itt töltötte a szabadságát. Haza nem mehetett, ahhoz nem volt elég szabadsága, és amint mondta, Gambia egy luxus hely Sierra Leonéhoz képest. Oda még nem jutottam el.

Másnapra azt találtam ki, hogy ha ilyen közel vagyok Szenegálhoz, és akkor még ment a Párizs–Dakar rally, gondoltam, elmehetnék Dakarba. Az utcán parkoltak taxik, többnyire nagyon jóképű sofőrökkel. A gambiai férfiak rendkívül jól néznek ki, abban az időben állítólag jártak oda német nők, „férjet" venni maguknak. Megkérdeztem az egyiket egy régi Mercedessel, hogy elvinne-e Dakarba. Számolgatott, és mondott egy összeget. Oké, elfogadtam, és megbeszéltük, hogy másnap elindulunk. Egy részét a pénznek előre kérte, hogy betankoljon stb. Elindultunk. A folyón komppal tudtunk átkelni, ugyanis arrafelé volt Dakar. A kompon rengeteg ember, állat, autó szekér, minden, amit csak el lehet képzelni, bezsúfolva, de szerencsésen átjutottunk a másik oldalra. A szenegáli határ nem volt messze, kb. 20 km. A határon belenéztek az útlevelembe és kiderült, hogy nincs vízumom. Próbáltuk lefizetni a határőrt, hogy engedjen át, de csak úgy lett volna hajlandó, ha nála hagyom az útlevelemet. Rövid gondolkodás után ezt sajnálattal elutasítottam – féltem, hogy ha visszajövünk, és nem ő lesz a határon, akkor mit teszek. Visszafordultunk, megint átkeltünk a komppal, és haladtunk a szálloda felé. Egyszer csak egy reccs: valami eltört az autó aljában.

Megálltunk, és ennyi volt. Sofőröm segített leállítani egy rendőrt, aki visszavitt a szállodába, persze egy kis pénzt neki is kellett adnom.

Ezek után már csak napoztam.

Ghánába sokkal később jutottam el, Lacival. Ez is hasonló kis ország, valamivel délebbre, az afrikai nyugati parton. Van aranybányájuk, amiből az arany egyenesen külföldre megy, miután kibányászták, még egy gyűrűt sem lehet venni Ghánában. A szállodáik szegényesek, az idegenvezető aranyos és készséges. A tengerparti szálloda poros, az étkezés érdekes. Felmentünk egészen a Burkina Fasói határig. A folyón csónakáztunk, és kerestük a krokodilusokat. Este a sofőr és az idegenvezető főztek valamit abból, amit előtte a piacon bevásároltunk. Én nem ettem, lefeküdtem aludni. A szállás egy istállóhoz hasonló szoba volt, két vasággyal, ágynemű nélkül. Szerencsére volt nálam kis hálózsák, abba belebújtam és aludtam. A WC kint volt valahol, nem próbáltam ki. Másnap találkoztunk két lánnyal, biciklivel jöttek Akkrából, ahol gyerekeket tanítottak mint önkéntesek Az egyik lány arcán valami súlyos fertőzés volt, talán lepra. Készült elmenni orvoshoz. A németek elég erős jótékonysági tevékenységet folytattak Ghánában, egy kassai barátnőm húga Németországba ment férjhez, orvos lett, és a fia is. Kiment Ghánába dolgozni, mint önkéntes orvos, és belefulladt a tengerbe. Márta – az anyja – végigbiciklizte Ghánát két térdprotézissel a fia emlékére, és gyűjtött pénzt a kórháznak, ahol a fia dolgozott. Ghánában szükség van sárgaláz elleni oltásra.

ETIÓPIA KÉTSZER

Ez az utazás az iroda és az én bénázásom miatt lett bonyolult, és kicsit hasonlított a Tom Hanks által alakított szerepre a Terminál című filmben, mindenesetre én úgy éreztem.

Jelentkeztem egy angol internetes utazási irodánál egy etióp körutazásra (magyar irodák még nem szerveztek oda utakat).

Megkaptam a részletes programot. Londonon keresztül repültem a csoporttal, a leírásban az volt, hogy a vízumot a reptéren, Addisz-Abebában ütik be az útlevélbe 15 USD-ért. Reggel 6 órakor érkeztünk Addisz-Abebába, lementünk a csomagkiadóhoz egy mozgólépcsőn, visszafelé sima lépcsők voltak. A csomagszállító szalagok után volt az útlevélvizsgálat, de előtte mindenki bement egy kis irodába, ahol megkapta a vízumot. Mikor sorra kerültem, az ügyintéző elkezdett keresgélni, lapozni valami listát, végül kijelentette, hogy én sajnos nem kapok vízumot – Magyarország nincs a listán. Félreálltam, mindenki kiment, ott maradtam kétségbeesve. Az angol és német irodák nem küldenek a csoporttal idegenvezetőt, csak a kinti irodák intézik ezt a részét az utazásnak. Ácsorogtam egy kicsit, aztán bejött egy helyi ember, ő volt az etióp idegenvezetőnk, és mivel nem mentem ki, elintézte, hogy bejöhessen. Elkérte az útlevelemet, mondta, hogy kb. 14.00-kor visszajön, megpróbál nekem vízumot intézni a Külügyminisztériumban. Ott álltam a szalagok mellett két csomaggal – a másodikban

48

használt ruhák voltak, amit a szegényeknek vittem. Fel-
caplattam a lépcsőn a terminálba, ott mászkáltam, ettem
valamit a büfében, néztem a butikokat, délután 14.00-
kor lementem megint a csomagjaimmal. Kb. félóra múl-
va megjött az idegenvezető az üres útlevelemmel. Nem
sikerült elintézni a vízumot. Gondolkoztam, mit csinál-
jak. Vissza nem tudtam menni, csoportos jegyünk volt,
és csak két hét múlva lehetett vele visszarepülni. Kita-
láltam, hogy veszek egy jegyet Kenyába, visszajövök ide
két hét múlva, és hazarepülök. Volt ott egy jegyeladá-
si ablak, két fiatal lány árulta a jegyeket, viszont aznap
nem volt már járat Nairobiba. Sírva fakadtam, elmond-
tam nekik a problémámat. Odahívták a reptérigazgatót,
aki megpróbált segíteni. Megvettem másnapra a jegyet
oda-vissza, és az igazgató megígérte, hogy este 22.00-
kor végez, és kivisz engem a tranzitszállodájukba, hogy
ott alhassak. Addig felajánlotta a VIP várót, ingyen hasz-
nálhatom, ehetek-ihatok. Mondjuk, a választék kb. pogá-
csa és sárga üdítő volt, de legalább kényelmesen lehetett
ülni. Este megint lementem a csomagjaimmal a mozgó-
lépcsőn. Megjelent az igazgató, de közben kicserélődött
a személyzet az útleveleknél, és az új ember azt mond-
ta, hogy nem enged ki! Az igazgató sajnálta, de nem tu-
dott segíteni, a VIP várót javasolta. Felmentem a lépcsőn
a csomagjaimmal és elfeküdtem egy fotelban. Még két
pasi aludt velem a váróban. Reggel elrepültem Nairobi-
ba, a használt ruhákkal teli sporttáskát elajándékoztam
egy vécépucoló pasinak, akinek még igazolást is kellett
írnom, hogy én adtam neki, és nem lopta. Nairobiban a
reptéren több helyi iroda is árulja a szafarikat, gondol-
tam, ott veszek valamit. Odamentem az egyik pulthoz,
és befizettem egy nyolcnapos szafarit – három nap Masai

Mara, onnét vissza Nairobiba, Mont Kenya és Samburu Nemzeti Park. Az utolsó kettőben még előtte nem voltam. A három nap jól sikerült, de amikor visszamentünk Nairobiba, közölték, hogy a további szakaszt törölték, mert Samburuban szomáliai behatolók meggyilkoltak öt német turistát, és letiltották az oda tartó szafarikat. Felajánlották, hogy visszaadják a pénzt. Több mint két órát álltunk sorban az igazgatóval a bankban, amíg kivette a pénzt a számláról, persze kenyai shillingben – én dollárban fizettem be. Fogtam magamat és vettem egy repjegyet Budapestre Kairón keresztül, és hazamentem.

Otthon rengeteg levél várt az angol utazási irodától: aggódtak, mi lett velem. Miután leírtam az eseményeket, felajánlották, hogy februárban elmehetek a következő csoportjukkal ingyen a kéthetes körutazásra. A repjegyet én vettem meg magamnak, és intéztem itthon vízumot a tiszteletbeli konzulnál – egy fogorvos, aki itt megnősült, és itt maradt az egyetem után. A második nekifutás remekül sikerült. Fantasztikus ország, Lalibela maga a kőbe vájt csoda a St. George templommal és a többiekkel; a Tana-tó és a rajta lévő szigeti imahely, amiben állítólag ott van a frigyláda, és ugye onnét ered a Nílus egyik ága; Seherezádé palotájának romjai; az Etióp fennsík, ahol végiggyalogoltunk, elkápráztatott, mindenkinek ajánlom. Hiányzik még Dél-Etiópia.

ECUADOR ÉS GALÁPAGOS

Nagyon szerettem volna eljutni Galápagosra, és úgy tűnt ez legjobban Ecuadorral kombinálható. Találtam egy német irodát, amely hirdetett oda utat, de csak egy fél év múlva sikerült megvalósítani, mert náluk sem volt jelentkező. Végül hárman a lettünk; egy házaspár és én. Elrepültünk Quitóba, Ecuador fővárosába. Quito és Cuzco voltak az inka birodalom központjai, kb. 1880 km köztük a távolság. Mikor Pissarro 166 katonával legyőzte a 20 000 fős inka hadsereget – volt puskájuk, és elfogta az inka vezért, Atahualpát –, fantasztikus gyorsposta által továbbították a hírt Quitóból. Négy kilométerenként tették meg az utat a futárok, így voltak kialakítva a posta-átadó helyek. Az inka vezért elfogták és bezárták. A spanyolok megígérték, hogy ha az inkák teleraknak egy szobát arannyal, elengedik, de becsapták és legyilkolták őket. Ekkorra az inka birodalom 4000 km hosszú volt és 800 km széles, 10 millió lakosa volt.

Első nap elautóztunk az Egyenlítőhöz, kb. 15 km-re van a várostól. Van ott egy szobor és egy park körülötte, nagyon látványos. A következő program a hegyek felé irányult. Chimborazo és Cotopaxi. Mint ismeretes, a Chimborazo a világ legmagasabb csúcsa, ha a föld közepétől mérnénk, több mint 2000 méterrel lenne magasabb, mint az Everest. Dzsippel fel tudtunk menni egészen 4800 méter magasságig, onnét 200 m szintkülönbség a következő turistaházig, azt gyalog tettük meg. Innét indulnak a csúcstámadások, persze mi nem mentünk fel a 6267 m magas

csúcsra. Másnap hasonló túra a Cotopaxira, utána egy hő-
forrás melletti szálláshelyen aludtunk, így egész délután
áztattuk magunkat a 38–40 fokos vízben. Következett
az „Ördög Orra"! Ez egy része a Quitóból Guayaquilig ve-
zető vasútvonalnak, ami már nem működik, de eredeti-
leg 2800 m magasságból le kellett mennie 80 kilométeren
a tengerszintig. Az „Ördög Orra" rész most turistalátvá-
nyosság, kb. 10 km, a sínek a meredek sziklafalba vannak
elhelyezve egy nagyon keskeny párkányon, és a vonat cik-
kcakkban megy le és fel, mert annyira meredek az egész
szakasz. Az utasok kimásznak a vonat tetejére és onnét
nézik a borzadványt. A házaspár nagyon bátor volt, és
kimászott, én, bevallom, bent maradtam.

Cuenca volt a következő város, ahová mentünk. Ez a
város híres a panama kalapok gyártásáról. Mint ismere-
tes, ez a kalapfajta nem Panamában készül, hanem itt,
Cuencában, Ecuadorban. Az tette híressé, mikor Theo-
dore Roosevelt elrendelte a Panama-csatorna építését.
1904-ben a forróság és erős nap miatt ezrével ren-
delték a kalapokat a munkásoknak. Miután a köztudat-
ban az terjedt el, hogy „panama kalap", az ecuadoriak ezt
megelégelték, és elkezdték hirdetni a kalapokat. Ennek
az lett az eredménye, hogy „állítólag már Ecuadorban is
gyártanak panama kalapokat." Van olyan kalap is, ami
500 USD-ba kerül, sok híres ember hordta, Churchill,
Roosevelt, Al Capone, Ernest Hemingway, valamint az
Elfújta a szél című filmben Clark Gable.

Cuencából egy nagyon hosszú autózáskövetkezett
Guayaquilig, a tengerpari városból repültem Galápagos-
ra. A házaspár nem jött velem; nem volt már szabijuk, és
drága is volt. Csak a belépő a szigetre 100 USD, a repjegy és
a hajó összesen kb. 1000 DM-ba került. A Baltres szigetre

repültem, onnét hajóval átmentem a Santa Cruz szigetre. Akkor még élt a magányos George, az utolsó teknős a saját fajából, 2012-ben pusztult el, most múzeumban van Quitóban. Próbálták rávenni, hogy párosodjon más fajták nőstényeivel, de nem sikerült, így végleg kihalt ez a fajta a szemünk láttára. A sziget egyedüli állatvilága azért tudott megmaradni, mert kb. 1000 km-re van a legközelebbi földrésztől, így teljesen elszigetelve tudtak fejlődni a madarak: kék lábú, vörös lábú szula, karibi flamingó, királygém stb. Galápagosi medvefóka, és az óriásteknősök. Az hajóutunk során kiszálltunk három szigeten és lehetőség volt túrázni, az utolsó sziget pihenésre volt szánva. Kiszálltunk a parton, ahol rengeteg medvefóka hevert, felnőtt egyedek és kicsinyeik. Egy kis fóka rohangált egyik anyától a másikig, kereste az anyját. Mindegyik elzavarta. Szomorú látvány volt. A fókák állítólag csak a sajátjukat hajlandóak szoptatni, így szegény teljesen kimerült étel nélkül. Odamentem a vezetőnkhöz, csináljon valamit, nem bírtuk már nézni a szenvedését, de azt mondta, nem lehet tenni semmit. Az anyja valószínűleg elment élelemért és felfalta egy cápa, és nem jön vissza. A kicsi halálra volt ítélve. A video is annyira megható volt, hogy még a sógornőm is megkönnyezte.

Guayaquilből repültem Frankfurtba, és ott is történt egy érdekes dolog. Odahívtak a pulthoz, hogy kicserélik a jegyemet – turistaosztályra volt jegyem, de nagyon jó helyre, az első sorba. Így az első reakcióm az volt, hogy nem egyezek bele – azt hittem, hogy egy többgyerekes családnak kell a hely. A gépet túlfoglalták, és az egyedül utazókat áthelyezték – engem az első osztályra. Akkor repültem egyetlenegyszer első osztályon életemben. Biznisz osztályon azóta már többször, de első osztályon csak akkor!

ARGENTÍNA

Erre az útra az AB-AGRO utazási irodával mentem. Akkor jöttem haza a malajziai körutazásomról, ahol megcsípett egy kullancs, mikor a fehér orrszarvút figyeltük meg az itatónál. Persze láttam is, és azonnal kiszedték belőlem, de nem gondoltam, hogy következményei lesznek. November közepén indult az argentin utazás. Busszal mentünk ki Bécsbe, onnét Madridba, és ott volt egy éjszakánk egy tranzitszállóban. Már a buszon kezdett fájni a térdem. Mikorra Madridba értünk, teljesen bedagadt a lábam és orvost hívtak Andrisék – az iroda tulajdonosa. Az orvos adott valami gyógyszert, és azt mondta, nyugodtan repülhetek tovább, ez nem komoly. Buenos Airesben megérkezésünk után erős fájdalmaim lettek, a lábam kb. kétszeresére dagadt. Bevittek egy magánkórházba, ahol már a bejáratnál úgy fogadtak, hogy ha nincs nálam legalább 1500 dollár kp, ne is menjek tovább. Volt persze biztosításom is, de Argentína a csőd szélén állt, és nem fogadták el egy magyar biztosító papírjait. A csoport elment, mentek hajóútra a Horn-fokig, utána El Calafatéba, ahonnét a Perito Moreno-gleccser volt tervbe véve. Én kb. négy nap alatt a kórházban rendbe jöttem, úgy volt, hogy megvárom őket, de inkább vettem egy repülőjegyet Ushuaiába, és mire ők megérkeztek El Calafatéba, én már ott vártam őket, sőt aznap már meg is néztem az Argentiere gleccsert. Másnap elmentünk a Perito Moreno-gleccserhez, utána következett a könnyű program: egy farmra ment a társaság, enni-inni, borozni. Én viszont nagyon szerettem volna meglátni a Fitz Royt. Próbáltam valakit rábeszélni, jöjjön el velem, de senki sem volt hajlandó vállalni az öt órás buszozást, némi gyaloglást a finom argentin steak és vörösbor helyett. Így elindultam kora reggel, s tényleg kb. öt órát mentem a helyi busszal, és megérkeztem El Chantelbe, a Fitz Roy megmászásának kiindulópontjára. Elindultam felfelé, sajnos be volt borulva és útközben találkoztam lefelé jövő emberekkel, akik mondták, hogy sajnos a tótól se látni semmit. Oda akartam feljutni, kb. 300 m szint lett volna. Viszont szóltak, hogy a faluban a templomnál mindennap kb. 13.00 órakor felszakad a felhő, és lehet látni a csúcsot. Rohantam lefelé, mert fél egy volt, és tényleg, odaértem időben: kb. 10 percre megnyílt az ég és elém tárult a Fitz Roy hegység. Utána egy helyi kocsmában ettem valamit, megvártam a buszt és visszamentem a csoporthoz. Volt a csoporttal egy kb. 70 éves néni, Klári, aki eladta a házát, vett egy kis lakást és úgy döntött, hogy a pénzből, ami megmaradt, utazni fog. Az első útja ide vezetett. Retikül helyett egy bevásárlószatyor volt nála, a cipője kitaposva, a ruhája kopott, de eljutott a Horn-fokra. Ott fel is ment a kilátóhoz, ahol fel lehetett adni képeslapot az ottani bélyegzővel, és ezt megtette. Le a kalappal, vannak még rajtam kívül is utazási mániában szenvedők.

UTAZÁSI IRODÁK ROSSZ SZERVEZÉSEI

Tanzánia

Kenyában már voltam egy párszor, de a Serengeti Nemzeti Park, ami Tanzániában van, és állítólag állatokban a leggazdagabb, kimaradt.

Jelentkeztem a Meiers Weltreisen német utazási irodánál egy tanzániai utazásra – szafari Serengetiben, Ngorongoro kráter és a Manyara-tó. Később még voltam több nemzeti parkban is: voltam a Kilimandzsárón kb. 3200 méterig, voltam Zanzibáron, de ez volt a legemlékezetesebb utazásom ott. Jelentkeztem az interneten keresztül, annyi változást kértem, hogy ne kelljen Frankfurtba repülnöm, és onnét a csoporttal Kilimanjaro reptérre, mert találtam egy jobb megoldást: Budapest, Róma, és onnét Kilimanjaro. Igaz, így előző este érkeztem volna meg, de gondoltam, alszok egy éjszakát Arushában, legalább nem lesz olyan fárasztó az első nap: éjszakai repülés után a programban rögtön továbbutazás volt a Manyara tóhoz. Írtam nekik, hogy így szeretném módosítani a jelentkezésemet. Visszaírtak, hogy sajnos ez nem lehetséges. További unszolásra beleegyeztek, de állítólag a kinti idegenvezetőknek nem lehet felvenni útközben utasokat, ezért reggel ki kell mennem a reptérre. A reptér 50 km-re van Arushától, ehhez hajnalban taxival, nem kevés pénzért ki kellett volna menni a reptérre, hogy csatlakozhassak a csoporthoz. Megint levelezés következett, a végén belegyeztek, hogy felvesznek a Hotel

Arushában kb. reggel 8-kor, legyek a recepción. Hétkor lementem reggelizni, hogy ne akadályozzam a tovább-menetelt. Reggelizek, egyszer csak megveregeti a válla-mat egy kb. 190 cm magas, fekete ember.

– Madame Halmos?

– Ja – mondtam. – Már itt van a csoport? Ilyen gyor-san? Hisz' 6-kor érkezett a gép.

– Egyedül tetszik lenni.

Senki más nem jelentkezett. Ennyit a német precizi-tásról. Így privát szafarit kaptam csoportos áron.

A Serengetiben részem lett életem egyik legnagyobb élményében.

1 700 000 gnút és zebrát láttam egyben, ahogy in-dultak a Mara folyó átkelésére a kis borjaikkal. Négy órán keresztül álltunk a dzsippel a csorda közepén, és filmeztem az állatokat. Az egész két hetet egy fekete emberrel töltöttem, aki egyben a sofőröm és idegen-vezetőm volt.

Lehet, hogy ezt sem díjazná sok női utazó, sőt nem is merne vállalkozni rá, de én jól éreztem magamat.

Venezuela

Erre az útra is egy német utazási irodánál jelentkeztünk Pofival. Vele elég sokat utazgattam, mert ő is szeretett utazni és jó partner volt. Mindent elfogadott, amit kita-láltam. A szállodában övé lett a rosszabb ágy; enni azt et-tünk, amit én szerettem; oda mentünk, ami engem érde-kelt – egy kivétellel: Madeirán ragaszkodott ahhoz, hogy lejöjjünk a hegyről a faszánnal. Az édesanyja úrilányként kint volt Angliában egy családnál angolul tanulni, ők elvitték Madeirára, és ő mesélt erről a kis fiacskájának.

Mindenesetre most egy izgalmasabb program elé néztünk. Venezuelában éppen hogy elkezdődött a szocializmus és még nem voltak ellátási gondok, így ez nem volt megoldhatatlan. Az út az Isla Margaritán kezdődött, oda repültünk Münchenből. Megérkezett a gép, legalább 200 ember volt egy teremben, ahová betereltek minket, és elkezdték felolvasni, ki melyik csoportba tartozik. Egyesek azonnal továbbrepültek Caracasba, és onnét mentek körutazásra, egyesek maradtak a szigeten és szétosztották őket különféle, akkor még amerikai kézben lévő tengerparti all inclusive szállodákba 3-4 napra (ezeket később a venezuelai kormány államosította), és utána mentek a körutazásra. Mindenkit beosztottak valahová, csak mi ketten maradtunk. Megkérdeztem a szervezőt, hogy mi lesz velünk? Belenézett a papírjaiba és azt mondta: „Maguk lemondták az utat".

Nem mondtuk le – tájékoztattam –, itt vagyunk, és most kellett volna indulnunk a körutazásra. Telefonált az utazási irodába, Németországba, és kiderült, hogy tévedés történt: be van minden fizetve, nem mondtuk le az utat. Jelenleg már nem volt hely a csoportunkban a repülőn, ezért azt javasolták, hogy elvisznek először a négycsillagos all inclusive szállodánkba, ahol kitöltjük a négy napot, ami a végén lett volna, és utána megyünk egy másik csoporttal a körutazásra. Rábólintottunk.

A szállodában megkaptuk a szobát, lementünk vacsorázni. Az étterem közepén, egy nagy asztalon sorakoztak a vörösborok kinyitva, mindenki az vette el, amelyiket akarta. Még a szobába is felvittünk egyet, és meg is ittuk. Pofival csak barátság volt köztünk, soha nem történt semmi, ami a szexre hasonlított volna. Másnap reggeli után kifeküdtünk a tengerpartra, Pofi már a negyedik sörét itta, én a negyedik koktélomat, amikor megjelent egy nő, hogy sikerült szerezni jegyet ma délutánra, siessünk, Caracasban utolérjük a csoportot. A reptéren közölték, hogy a járatunk három órát késik, így nem értük utol a csoportot. Elvittek egy gyönyörű tengerparti szállodába, ahol megvacsoráztunk, borozgattunk, és másnap taxival kellett továbbmennünk, hogy valami hágóban érjük utol a többieket. Reggel odajött a taxi, de az idegenvezető nem jött velünk; mondta, a taxis tudja, hová kell menni. Szépen haladtunk, nézegettük a tájakat, közel voltunk a columbiai határhoz, ezért állítólag szigorúbb ellenőrzések voltak a drogcsempészek miatt. Egyszer csak megállított minket két rendőr, kérték a papírokat. Mi megmutattuk útleveleinket, de a sofőrnek nem volt jogosítványa, mint kiderült. Bevittek minket a legközelebbi rendőrségre, és elkezdtek telefonálgatni. Mi ültünk a váróban, és vártunk. Kb. két és fél óra múlva sikerült átküldeni a taxisjogosítvány másolatát faxon – otthon felejtette – és így továbbengedtek, de a találkozást a hágóban már lekéstük. A taxi felvitt minket egy kis faluba, egy nagyon szép panzióba úszómedencével, ahol várt minket egy következő idegenvezető. Megebédeltünk, és közölte, hogy estére ideér a csoport. Van-e valami kívánságunk? Szerettünk volna egy üveg bort. Elment a boltba és hozott egy üveg finom vörösbort, amit a sok izgalomra elszopogattunk a medencénél. Délután még aludtunk is egy kicsit, és estére megjöttek.

A körutazást innentől a csoporttal folytattuk. Nagyon sok érdekes helyre elmentünk; felmentünk a világ legmagasabb felvonójával, a Meridával a Pico Espejóra, ami 4765 m magas, és innét könnyen elérhető a Pico Bolivar 4978 m magassága. Bolivar Venezuela nemzeti hőse, sokat tett az ország önállósága érdekében. A hegy után megnéztük Merida városát, vettem magamnak egy smaragdgyűrűt. Utána elmentünk az Orinoco-deltába, két nemzeti parkba, a végén a Canaima Nemzeti Parkba, a híres táblahegyekkel és a világ leghosszabb vízesésével, az Angel-vízeséssel. A csoport visszarepült a táblahegyektől Isla Margaritára, de mi ketten kaptunk pluszban egy háromnapos utat az Angel-vízeséshez, kárpótlásul az elején történt bakikért. Különben ez a kis kirándulás 1000 euróba került volna. Kajakokba kellett szállnunk a Churun folyón – kb. 12 fő egy kajakban, és a csomagok. Több kis vízesésen lecsorogtunk, és elérkeztünk egy kis szigethez, ahol kiszállítottak, hogy itt gyalog kell átmennünk a szigeten, mert a vízesések itt nagyon meredekek, és nem tudnánk átjutni. Pofi kijelentette, hogy ő nem száll ki, így hagyták benne, és vele és a csomagokkal vártak minket a sziget másik végén. Kb. 5 km-t kellett gyalogolni. A szállás a folyó mellett, egy tákolmányban volt, függőágyakkal – kb. 40 egy helyiségben. Falak nem voltak, csak tető. Mi ketten, és még egy japán öregember kaptunk egy spanyolfallal elválasztott kis helyiséget, ahol volt egy emeletes ágy, a japán meg egy másik spanyolfallal elválasztott helyiségben aludt. A vacsoránál kaptunk némi innivalót. Nekünk volt egy üveg rumunk, amit két dollárért vettük még lent valahol, kihoztam, felkínáltam a társaságnak. Megittuk, és utána még vettek kb. 20 dollárért további két üveget, amit szintén megittunk. Másnap reggel megint kajakokba szálltunk, mentünk még vagy három órát, és kiszálltunk. A vízeséshez kb. 500 m szintet kellett felkapaszkodni a hegyen. Ez volt életem egyik legnehezebb mászása, főleg a másnaposság miatt, de felmentem. Mondanom sem kell, hogy Pofi lent maradt, onnét is lehetett látni a vízesést. Mint ismeretes, az Angel-vízesést James Angel fedezte fel, amikor gyémántok után kutatott a nemzeti parkban. Találtak is rengeteg aranyat, és meggazdagodtak, de a harmadik repülés során leszálltak a platóra, és felszálláskor az egyik kerék meghibásodott, így nem tudtak felszállni. Le kellett gyalog jönni a hegyről – tizenegy napig tartott a lejövetel három társával és feleségével, Mariával. A repülőgép harminchárom éven keresztül ott maradt, jelenleg a Ciudad Bolivar repülőtere előtt van elhelyezve. A vízesés több mint 1000 m magas, szabadesésben 979 m. A konkurenciája Dél-Afrikában van, ami a második legmagasabb vízesésnek számit, viszont most különféle mérések mutatják, hogy lehet: fordítva van a sorrend.

Repülővel repültünk Isla Margaritára. A gépen útközben az emberek kezdtek elájulni, szóltunk a pilótának, hogy nincs levegő, erre kinyitotta az ablakot. Mindenki magához tért. A következő három napot az all inclusive szállodánkban töltöttük, ki sem tettük a lábunkat onnét.

CSALÁD

Minden családnak megvan a maga története, szerencséje vagy pechje, tragédiák sorozata vagy sikerek története. Mindig irigyeltem azokat a családokat, akik békésen éltek, otthon nem volt kiabálás, dráma, szenvedély. Nálunk sajnos mindenből kijutott. Apánk elég türelmetlen ember volt, erőszakos is, bár én csak egyszer kaptam tőle pofont, de anyukát gyakran megverte, és a bátyámat is. Valószínűleg a vadember nagyapánktól örököltük a géneket, főleg a fiúk lettek kezelhetetlenek, erőszakosak és féktelenek. Mi, lányok sem voltunk egyszerű esetek. Én kilógtam a sorból, mert szerettem volna kitörni a nyomorból, amiben éltünk, anyagilag és szellemileg is. Egyetlen utat láttam: a tanulást, és ezáltal szerettem volna feljebb jutni egy másik osztályba. Szerettem volna ebbe az irányba terelni a testvéreimet is, ezért gyakran magamra vállaltam olyan feladatokat, mint az ő irányításuk. Nekik viszont nem volt türelmük, és mikor láttam, hogy ez nem működik, feladtam. Talán túl hamar, mint a két gyerekkel, akiket örökbe fogadtam. A testvéreimtől nem sok hálát kaptam, valahogy nem értékelték a segítségemet, talán csak az öcsém, aki 10 évvel volt fiatalabb nálam, és akit úgy szerettem, mintha a gyerekem lett volna, pedig rengeteg disznóságot követett el élete során. Vladimir volt a hivatalos neve. Akkor született, amikor kötelező volt imádni Lenin elvtársat, így róla kapta a nevét. Én nagyon okosnak tartottam, ezért nagyon meglepődtem, amikor az iskolából intőt hozott. Bementem a szüleim helyett veszekedni, hogy én nem hiszem el, hogy nem tanul, de sajnos igaz volt. Mikor Dóra, a nagyobbik húgom kiköltözött Németországba, mert férjhez ment egy német pasihoz, és visszajött látogatóba, rábeszélte, hogy menjen ki hozzá. Csak tizenöt éves volt, akkor kezdett tanulni pincérnek. Nyáron befizetett egy jugoszláviai útra – anyukáék segítettek neki –, onnét átment Olaszországba, ahová elment érte a sógorom. Akkoriban nagyon kevés zsebpénzt kaptunk az utazásokhoz – mesélte, hogy annyit gyalogolt, hogy véres lett a lába a szandálban, és majdnem az egész pénze ráment egy zokni vásárlására, mert egy nagyon drága butikba ment be, és megvette a világ talán legdrágább zokniját. Németországban nyelvtudás nélkül elkezdett dolgozni valahol az állomáson, a szemetet kellett rendszerezni, kis konténerből a nagyba stb. Nem erről álmodott itthon, így aztán meghamisította Gizela (Dóra sógornője) pár csekkjét, hogy pénzhez jusson. Elment a családtól és börtönbe is került, de részletesebben nem tudom, miket csinált. Soha nem beszélt róla. Kb. öt év múlva kiutasították az országból és hazajött. Ez 1977-ben volt, tehát már 21 éves volt. Itthon segítettem neki, hogy szerezzen egy féléves tanfolyam után egy igazolást, hogy szakképzett pincér és szakács. Én akkor kaptam a második cégtől a második lakást, ami 80 m^2 volt és 3 szobás, és a meglévőt átírattuk rá, anyukáék kifizették az árát a vállalatnak. Ez egy kis, másfél szobás lakás volt Kassán, a Furcsa lakótelepen, földszinten. Először Kassán dolgozott, az Imperial Hotelben, aztán elment a Magas-Tátrába a Krivány Hotelba. Ott sok volt a külföldi vendég, akik jegyeket kaptak, amit le lehetett enni, inni, de a lányok pl. nem akartak olyan sokat enni, és szívesen beváltották a jegyeket

Csacsinál készpénzre, persze kb. 20% nyereségért. Mikor 1979-ben ott töltöttük a szilvesztert, sok magyar vendég volt a szállodában, dicsérték, hogy a legokosabb pincér. Beszélt magyarul, szlovákul, akkor már perfekt németül is, így jól boldogulhatott volna, de történt egy baj. A szállodába megjöttek nyugatnémet vendégek vadászni, és az egyik vendég puskáját Csacsi ellopta. Fogalmam sincs, mit akart kezdeni vele, de elkapták és börtönbe került. Megint én vállaltam magamra az intézkedést: sikerült kb. fél évre csökkenteni a büntetését, és még vissza is vették a szállodába mikor kijött. Megismerkedett egy lánnyal, Ágival, aki ott volt valami nyári kiránduláson, egyetemista volt, közgázt végzett éppen, és hozzáment feleségül. Megvolt a kis lakás, és nemsokára lett egy kislányuk is, Adriána. Átjött Kassára az Imperialba, minden jól alakult, de egyszer csak kapott egy behívót, el kellett mennie katonának. Hét napig volt katona és megszökött, elfogták, megint börtönbe került, négy évre ítélték el. A felesége elvált tőle, ő kb. két-három hónapig börtönben volt, utána elszökött. Kinti munkán volt egy építkezésen, este bebújt egy betoncsőbe és elszökött. Vonattal visszajött keletre (a börtön Nyitra környékén volt). Mi már akkor Budapesten laktunk, ő átúszta a Tiszát vagy mit, és valahogy eljutott Budapestre, hozzánk. A férjem persze nem örült, de én segíteni akartam neki, megint. Kiment a városba, valahol feltört egy osztrák autót, a kalaptartón ott voltak a tulaj papírjai – útlevél, némi pénz stb. Kicsit hasonlított rá: szőke volt, de bajuszos. Bement a színházba és megkérte a maszkírozó embert, hogy csináljon neki bajuszt és fesse be a haját, mondván, hogy fogadott valakivel. Adott neki 100 schillinget, az megcsinálta. Este vett magának vonatjegyet Triesztbe a hajnali vonatra, azt is schillinggel kellett kifizetni, osztrák útlevele volt. Reggel kiment az állomásra, megkönnyebbültünk, hogy elment. Akkor az ember a szabadságával játszott, ha ilyet csinált, amit mi. Fel kellett volna őt jelentenünk. Kb. két óra múlva visszajött, hogy a vonat nem ment. Szezonális vonat volt, és ez szeptember végén volt, így pont aznap leállították. Akkor találtam ki, hogy menjen Kelet-Berlinen keresztül, ugyanis én hivatalosan voltam úgy Berlinben, és tudtam, hogy működik. A repülővel elrepült Kelet-Berlinbe, ott felszállt egy buszra, és azzal átment Nyugat-Berlinbe. (Mellesleg így disszidált később a másik húgom és az unokatestvérem is). A reptéren izgi volt, de megvette a jegyet, és már csak vártuk a jelzést, hogy sikerült, vagy megint börtönben van. Délután felhívta Pofit, neki volt telefonja, és közölte, hogy szabad, Berlinben van és éppen jelentkezett a rendőrségen menekültként. Hét márkája volt.

Táborba került, először Spandauba. Pofival egyszer meglátogattuk ott. Mi is ott aludtunk, Csacsi a földön, nekünk átadta az agyakat – kettő volt. Még két rokonom disszidált oda: Ági, a húgom, és Erika, az unokatestvérem. Csacsi segítette őket, szerzett nekik munkát. Később Ágit és a barátját átszöktette Hollandiába, ahol bevárták a rendszerváltást. Hazaküldték őket, a húgom ma Magyarországon él, a barátja Szlovákiában. Csacsi általában munkaközvetítéssel foglalkozott, de dolgozott pl. diszkóban is, a Yesterday diszkóban, Berlinben. Mikor egyszer meglátogattuk a lányommal, beálltam helyette vécés néninek, egy éjszaka kerestem 200 márkát. Vettem a lányomnak két Barbie babát, egy lányt és egy fiút. Csacsi elment Angliába, ott megismerkedett egy fekete lánnyal. Valószínűleg tőle kapta el az AIDS-t, és 52 éves korában belehalt a betegségbe. Az első házasságából származó lányát örökbe fogadta a volt felesége új férje, így a lányt úgy nevelték, hogy nem tudta, ki az apja. Kb. 20 éves volt, mikor az apja írt neki egy levelet Németországból, és azt odaadták neki. Leveleztek egy ideig, és amikor Adriana találkozni akart az apjával, megtudta, hogy már Borzován él. Felhívta a falusi polgármesteri hivatalt, ahol közölték vele, hogy két hónapja meghalt.

Én jöttem lefelé a Poprádi házról, amikor megcsörgött a telefonom. Adriana volt az; szeretett volna velem találkozni. Sikerült Kassán, és beszélgettünk egy kicsit. Elmondta, hogy ő mindig érezte, hogy nem tartozik abba a családba; érezte, hogy valaki más az apja. Adtam neki egy gyűrűt, amit Csacsitól kaptam, hogy legyen valami emléke róla. Soha nem találkozott vele.

Dóra

Ha a családról írok, akkor öten voltunk testvérek, tehát mindenkiről kell írnom valamit. Anyuka megjelölt minket. Én voltam az okos, Dórika a szép, Ágika az aranyos és helyes. Nekem ebből állandóan komplexusaim voltak, mert így azt gondoltam mindig, hogy nem vagyok szép. A húgaim meg is nehezítették a dolgomat, ami a fiúkat illette. Ha felbukkant valaki, lecsapták a kezemről. Dóra nem szeretett, mert a kinőtt ruháimat kellett hordania, Ági meg mindenki által kedvelt, olyan kis önző lett, hogy nem foglakozott másokkal, csak magával.

Dóra az én példámmal élve 9.-ik osztály után Pozsonyba jelentkezett gimnáziumba, felvették és kollégiumba ment, akkor én már második éve ott voltam egyetemen. Nem sokat találkoztunk. Én őt néha meglátogattam, de ő nem nagyon. Egyik este mentünk moziba a fiúmmal, de ez már kb. egy évvel később volt, és találkoztunk vele és egy német pasival Eckhardttal. Eckhardt Pozsonyban, a Slovnaftban szerelt valami komoly berendezéseket. Kiderült, hogy Dóra már nem is jár iskolába, és nem lakik a kollégiumban sem. Eckhardt beleszeretett, és el akarta venni feleségül. Dóra hazament a szüleinkhez Jamarticére, és leveleztek a német pasival. Ott elkezdett dolgozni az állami birtokon, valami ifjúsági szervezetben. Elküldték tanfolyamra megint Pozsonyba, és részt vett egy szépségkirálynő-választáson is, ahol harmadik lett. Én a moziban a hírekben láttam meg. Egyszer csak jött velem szemben a húgom a széles vásznon... Ez már 1968-ban volt, elindult a „prágai tavasz", Eckhardt eljött, és húsvétkor összeházasodtak. Dórát persze elbocsájtották az állásából, nem lehetett KISZ-vezető, akinek NSZK-s férje volt. Eckhardt küldött neki havonta pénzt, így nem kellett dolgoznia, de unatkozott. Nem nagyon intézte a kiutazását sem. Amikor augusztus 21-ikén bejöttek az oroszok, a férje eljött érte Bécsen keresztül, és elvitte magával. Még nyitva voltak a határok, így simán, egy ideiglenes útlevéllel kijutott. Persze nem intézett kintről se semmit, úgy gondolta, hogy ezzel megúszta. Egy év múlva haza is jöttek látogatóba, már német útlevele volt, szép autóval, ő fantasztikus ruhákban, nekünk is hozott egy csomót, és később is küldött csomagokat. Közben a kinti élete érdekesen alakult. Kb. fél évet töltöttek Pakisztánban, Lahorban, a férje ott is szerelésvezetőként dolgozott. Szállodában laktak, sokat buliztak. Később voltak Spanyolországban, Algírban stb.

Ő utána már nem szívesen utazott: elkezdett dolgozni, és lakberendezőnek szerződött egy bútorgyártó céghez. Biztosan sok pénzt keresett, mert vett magának egy lakást Düsseldorfban, amiről a férje sem tudott. Halála után derült ki, hogy van egy lakása. Hepatitisz B-ben halt meg, valószínűleg Algírban fertőződött meg. Gyerekük nem volt, így a szüleim örökölték a felét. Meg kellett bízniuk egy nemzetközi ügyvédet az ügy intézésével, én nem ajánlottam, de szabályosak akartak lenni. Az ügyvédi költségek elvitték a lakás árának a kb. háromnegyedét.

Tibor

A bátyám három évvel volt idősebb tőlem. Gyerekekként sokat lógtam vele és a haverjaival, így elég sportos lettem. Egyszer Rozsnyón beültünk egy csillébe, ami a vasércbányából szállította az ércet a feldolgozóhelyre, visszafelé üresen ment. Útközben leállt, így ott töltöttünk egy éjszakát. Nyolcadik után gimibe ment, akkor apám volt a szepsii járási mezőgazdasági vezetője, persze, hogy oda ment. Már az első évben kiderült az erőszakossága: fejbe vágott egy gyereket a kályhaajtóval. Kidobták, így elment Poprádra autószerelő szakmunkásképzőbe. Mikor Karvinára költözünk, elvitték katonának, ahol ott akart maradni és tiszti főiskolába menni. Sajnos apánk lebeszélte erről, mert akkor a bányában egy szerelő jól tudott keresni, és így leszerelt, és hazajött. Utána Jamarticébe költöztünk, és ott került először börtönbe valami verekedésért. Augusztus 15.-ikén volt a születésnapja és anyuka vett egy pár finomságot, cigarettát és egy kis üveg pálinkát. Elküldött minket Ágival Olomoucra, ott volt fogságban, hogy vigyük be neki a börtönbe a kis csomagot. Bejutottunk a portára és elmondtuk, miért jöttünk. Kértek engedélyt, persze nekünk nem volt, de könyörögtünk, hogy születésnapja van, így odahívták a vezetőt, aki nevetett egy nagyot, főleg a pálinkán, de meghatódott és mondta, hogy a cigit odaadják neki, a többit vigyük vissza. Leültünk a börtön udvarán egy padra, és megettünk egy csomó mindent a csomagból. Éhesek voltunk. Utána nem nagyon tudtam a dolgairól – megnősült, elvált, még volt vagy kétszer börtönben, megint lett egy felesége és két gyereke. A felesége alkoholista volt, és eljárt egyedül is a kocsmába. Az egyik pasija eljött hozzájuk, és összeverekedtek, Tibor megölte. Feldarabolta a testét és bedobta a kútba. Az egészet végignézte az ötéves fia. Mikor börtönbe került, csak 6 évet kapott, mert önvédelemnek minősitették, a gyerekek állami nevelőotthonba kerültek, mert az anyjuk nem foglalkozott velük. Maruska másfél, a kis Tibor ötéves volt. Onnét vettem én őket magamhoz négy évvel később. Én már 50 éves voltam, akkor halt meg az édesanyám és ez volt a kívánsága, hogy ne hagyjam őket magukra. Elmentem az otthonba és megsajnáltam őket. Először kijöttek hozzám nyárra és karácsonyra, utána végleg.

Valahogy felneveltem őket. Nem mondom, hogy ideális szülő voltam, de talán jobb, mint az otthon. Mind a ketten síversenyzők lettek komoly sikerekkel, és beszélnek kb. öt nyelven, többet nem tudtam belőlük kihozni. Dénes mondta erre, hogy „mit akartál még, egy kis atomfizikát?". Maruska férjhez ment, van két gyereke, rendezetten él, de Tibor a mai napig problémás, pszichikailag sérült.

Ági

A legkiseb húgom. Őt is úgy szerettem, mint Csacsit, sajnos ma nem vagyunk beszélőviszonyban. Ő az a tipikus gyerek, aki megszokta, hogy csak kap, adni nem kell, úgyis mindenki érte van. Sokat segítettem neki, mikor visszatért a nyugat-európai körutazása után és szakítottak Jancsival, de nem hálás érte, és én nekem már nincs kedvem arról győzködni, hogy mi hogy volt. Jelenleg jól megy a sora: férjhez ment, és nincs gond vele. Ő egyetemet végzett, mint én, Szlovákiában kb. 12 évig tanított. Itt egy ideig nálam dolgozott az importcégemben, később átadtam neki a vezetést, és azt csinálta. A pénzből felépítettek egy kolléganővel egy szépségszalont, amit sajnos elvesztettek adótartozás miatt. Van egy fia. Már felnőtt, 45 éves.

Édesanyám

Mont Cook Új Zeeland

Szafari Afrikában

Szafari Afrikában

Monte Rosa Alpok

Észak Korea

Kilimandzsaro

Északi sarkon 2008

Ararat

Tigris Szafari Indiában

A szerző

A szerző 1946-ban született Borzován, egy kis faluban a magyar határon. A szülei unokatestvérek voltak, édesapja is ott született, de édesanyja Magyarországon. Budapesten találkoztak, ahol az édesapa tanult, az édesanya szülei válása után költözött oda; egy gazdag családnál volt nevelőnő. Második gyermekként élte meg, hogy édesapja rendszertelen munkahelyeváltásai miatt gyakran költöztek. Mindig új iskolában kellett bizonyítania, hogy kitűnő jegyei jogosak. Érettségi után Pozsonyba ment a Műszaki Egyetemre, ahol a szilárd anyagok fizikája szakon végzett, vagyis atomfizikus lett. Ebben a szakmában nem dolgozott, a kassai Műszaki Egyetemen tanított matematikát, utána tervezőirodában dolgozott tervezőként, egészen Magyarországra való költözéséig. Magyar férfihoz ment férjhez, aki hegymászó volt, mint ő. Született egy lányuk. A külkereskedelemben helyezkedett el, nyelvtudását kihasználva. A rendszerváltás után alapított egy saját Kft-t, ezáltal sikerült anyagi javakat előteremtenie, melyekből utazgatni tudott, házat építeni stb. Már nyugdíjas, de még mindig élvezettel utazik.

A kiadó

Aki feladja,
hogy jobbá váljon,
feladta,
hogy jobb legyen!

E mottó alapján a novum publishing kiadó célja
az új kéziratok felkutatása, megjelentetése,
és szerzőik hosszútávú segítése. Az 1997-ben
alapított, többszörösen kitüntetett kiadó az egyik
legjelentősebb, újdonsült szerzőkre specializálódott
kiadónak számít többek között Ausztriában,
Németországban és Svájcban.

**Valamennyi új kézirat rövid időn belül egy
ingyenes, kötelezettségek nélküli kiadói
véleményezésen esik át.**

További információkat a kiadóról és
a könyvekről az alábbi oldalon talál:

www.novumpublishing.hu